Törggelen in Südtirol

Schreckensteinkeller
Regionale Herbstküche
unter der Regie von Herbert Hintner
Ansitz Schreckenstein
Unterrainer Straße 24 · St. Pauls · Tel. 0471 665456
Geöffnet: September–Weihnachten

FOLIO
SÜDTIROL
ERLEBEN

Oswald Stimpfl

Törggelen in Südtirol

Typische Buschenschänken und Bauerngasthäuser

Folio Verlag Wien – Bozen

HINWEIS

Die Auswahl der Buschenschänken und Gasthöfe für diesen Führer traf der Autor nach seinen subjektiven Kriterien; sie war nicht an einen finanziellen Beitrag der jeweiligen Betriebe gebunden.

Alle Angaben erfolgen nach bestem Wissen und Gewissen. Sämtliche Informationen wurden gewissenhaft recherchiert, doch Ruhetage oder Öffnungszeiten können sich kurzfristig ändern. Daher empfehlen wir Ihnen, sich vorher bei den einzelnen Betrieben telefonisch zu informieren. Aufgrund des begrenzten Platzangebotes der meisten Betriebe ist eine telefonische Reservierung ratsam.

Die beschriebenen Ausflüge werden auf eigenes Risiko unternommen; Autor und Verlag übernehmen keinerlei Haftung. Für die Wanderungen wird die Mitnahme von geeignetem Kartenmaterial empfohlen oder Sie planen Ihre Wanderung mithilfe von www.alpenvereinaktiv.com

SYMBOLE

- Essen und Trinken
- Anfahrt
- Wissenswertes
- Ausflug oder Wanderung
- Gehzeit
- Tourenlänge
- Höhenmeter
- Adresse
- Platzangebot
- Öffnungszeiten
- Unterkunft
- Hinweis

BILDNACHWEIS

Frieder Blickle/Tourismusverein Dorf Tirol: Umschlagbild
Frieder Blickle: S. 95; Johannes Fein: S. 58; Wolfgang Gafriller: S. 72; August Thurner: S. 9
Die Fotos auf den folgenden Seiten wurden freundlicherweise von den betreffenden Betrieben zur Verfügung gestellt: S. 23, 39, 51, 62, 67, 74, 75, 77, 88, 89, 95, 98, 99, 100/101, 102, 103, 108, 112/113, 118
Alle übrigen Fotos stammen von Oswald Stimpfl.

Lektorat: Petra Tappeiner und Hermann Gummerer
Grafikkonzept: no.parking, Vicenza
Satz und Druckvorstufe: Typoplus, Frangart
Printed in Italy
ISBN 978-3-85256-734-1

www.folioverlag.com

Inhaltsverzeichnis

Törggelen, ein authentischer Brauch

Törggelen, das herbstliche **Einkehren in Bauernhöfen**, ist ein typischer Brauch in den Südtiroler Weinanbaugebieten. Der Name geht nicht auf das weinselige Torkeln, sondern auf die Torggl (lateinisch *torculum, torcular*) zurück, was die Weinpresse bezeichnet. Beim „echten Törggelen" in der guten alten Zeit waren die Bauern und ihre Helfer unter sich. Es ist Herbst, die Ernte längst eingebracht, die ersten Partien des neuen Weines sind noch nicht fertig vergoren, aber trinkreif. Im Vorraum zum Weinkeller, wo einst die Torggl, die große Weinpresse stand, lud der Bauer seine Nachbarn und Erntehelfer ein, um bei einer „Marende", einer Brotzeit, oder – wenn es hoch herging – bei einer gekochten Hauswurst mit Sauerkraut **den neuen Wein zu verkosten**; seltener gab es ein Festessen, das mit den heutigen üppigen Törggelemenüs hätte mithalten können. Mitunter wanderte die fröhliche Runde von Hof zu Hof und genoss neben dem neuen Wein auch Nüsse, Brot – vor allem aber **gebratene Kastanien**! Sie sind für Südtiroler untrennbar mit dem Törggelen verbundenen.

Was den Einheimischen gefällt, das schätzen mittlerweile auch die Touristen: Aus der bescheidenen Weinverkostung mit gebratenen Kastanien haben sich echte Gaumenfeste entwickelt. Die Weinbauern dürfen maximal sechs Monate pro Jahr in ihren Buschenschänken **besondere, charakteristische Gerichte** anbieten, zu denen der neue Wein getrunken wird, je nach Gegend *Nuier* oder *Sußer*

genannt. Es gibt Schlutzkrapfen, mehrere Sorten Knödel und Nocken, Schlachtplatten mit Surfleisch, gesottenen Hauswürsten, Blut- und Leberwürsten, gebratenen Rippchen und zum Abschluss süße Krapfen. Nicht fehlen dürfen nach wie vor die gebratenen Kastanien. Das alles sollte auf einem Bauernhof in der schönen, gewissermaßen halb privaten Atmosphäre einer **alten, holzgetäfelten Stube** stattfinden – denn wenn die Saison zu Ende ist, verwandelt sich die Gaststube meist wieder in das Wohnzimmer der Familie.

In diesem Sinne lade ich Sie zu einer Entdeckungsreise quer durch Südtirol ein. Ich führe Sie zu ausgewählten Buschenschänken in Weinbaugebieten rund um Eisack und Etsch, die alle ihre Besonderheiten haben: In den Hochburgen des Törggelens, im Eisacktal und in Signat bei Bozen, finden sich die urigsten und unverfälschtesten Lokale, die im Herbst und manchmal auch im Frühjahr ihre Tore öffnen. Im Gegenzug sind jene in der Meraner Gegend, im Überetsch und Unterland im Einklang mit der touristischen Saison meist im Sommer geöffnet. Somit wird Sie dieser Führer **das ganze Jahr** über – also nicht nur zur klassischen Törggelezeit im Herbst! – zu besuchenswerten bäuerlichen Gastbetrieben führen!

Was waren die Auswahlkriterien für dieses Buch? Wichtig war mir, dass die Betriebe möglichst authentisch sind, dass sie viele hofeigene Produkte, insbesondere eigenen Wein und eigene Kastanien anbieten. Die hier vorgestellten Buschenschänken sind zudem **Ausgangspunkte oder Ziele lohnender Wanderungen**, bieten eine gute Küche und ein besonderes Ambiente. Sollten Sie einige Ihrer persönlichen Favoriten vermissen, bitte ich um Nachsicht: Dafür ist hier bestimmt so manche Adresse dabei, die Sie noch nicht kennen.

Viel Spaß beim Wandern und Einkehren – und guten Appetit!
Oswald Stimpfl

Was sind ...?

Bauernbratl Eintopf, Schweinebraten mit Kartoffeln

Blattln, Blattlen → Erdäpfelblattln

Blutwurst Kochwurst aus fein faschiertem Gemüse, Schweinefett, Graupen und Schweineblut, das der Wurst die dunkle Farbe verleiht.

Bockernes Ähnlich dem → Schöpsernen, aber vom jungen Geißbock

Buschenschank Die Tradition der Buschenschänken geht auf das Mittelalter zurück, als den Bauern zugestanden wurde, eigenen Wein anzubieten. Heute werden in Buschenschänken meist traditionelle Gerichte serviert; sie dürfen nur sechs Monate im Jahr offen halten, müssen in einem Weinbaugebiet liegen und zwingend hauseigenen Wein keltern und ausschenken.

Carpaccio Dünn geschnittenes, roh mariniertes Rindfleisch.

Erdäpfel Kartoffeln

Erdäpfelblattln Aus gleichmäßig dünn ausgerolltem Kartoffelteig werden kreisförmige oder rechteckige Stückchen ausgestochen und in heißem Fett gebacken. Sie werden mit Sauerkraut serviert.

Gerstsuppe Suppe aus Gerste, Gemüse und Selchfleischstücken

Graukasnocken → Nocken mit kräftigem Magerkäse, dem sogenannten Graukas

Gröstl Pfannengericht aus Scheiben gekochter Kartoffeln und gekochtem Rind- oder Schweinefleisch, die gemeinsam mit Zwiebeln und Majoran geröstet werden.

Grüne Zaache Mit Spinat gefüllte Krapfen, die Spezialität der Umgebung von Villanders

Hauswurst Frische, gesottene Wurst aus Rind- und Schweinefleisch; mit Sauerkraut ein klassisches Törggelegericht

Hofschank Bäuerlicher Betrieb, in dem Produkte aus Eigenbau und Fleisch vom eigenen Hof aufgetischt werden; es gibt sie auch in Gebieten, wo kein Wein angebaut wird.

Kaminwurz Luftgetrocknete und leicht geräucherte, dünne Trockenwurst, die bei keiner Brettljause fehlen darf.

Kalbskopf Scheiben aus Sülze von gekochten, ausgelösten und in Form gebrachten Fleischteilen vom Kalbskopf, wird meist lauwarm, mit Essig, Öl und Zwiebelringen angemacht, serviert.

Kartoffelteigtaschen Teigtaschen aus Kartoffelteig mit Füllungen wie Käse, Kraut, Gemüse oder Pilze; werden häufig mit Salbeibutter und Parmesankäse serviert.

Keschtn Kastanien (gebratene), die Edel- oder Esskastanien

Marende

Kloatzen, Kletzen Getrocknete Birnenstückchen. Zu Mus verarbeitet, werden sie zum Süßen und Würzen verwendet, meist als Fülle süßer Bauernkrapfen, → Krapfen.

Kniekiachl Kreisförmiges Hefegebäck mit einer Vertiefung in der Mitte, das in heißem Öl gebacken und anschließend mit Marmelade, meist Preiselbeermarmelade, gefüllt wird.

Knödel Faustgroße gekochte Klöße, deren Hauptbestandteile altbackenes, klein geschnittenes Semmelbrot, Speck, Eier, Milch und Mehl sind. Statt Speck werden auch Käse, Spinat oder Pilze beigegeben.

Krapfen Je nach Gegend rauten- oder halbmondförmiges Teiggebäck, das mit Mohn, Birnen-, Marillen- oder Preiselbeermarmelade, Aniszucker o. Ä. gefüllt wird.

Leberwurst Brühwurst aus Schwarten, Schweinebauch, Schweinsleber, mit Thymian und Majoran gewürzt

Marende Die traditionelle Zwischenmahlzeit der Bauern am Nachmittag. Bestand früher aus Hartbrot, evtl. Pellkartoffeln, Butter, Speck und Käse. Der Ausdruck wird mittlerweile für eine kalte Jause bzw. Brotzeit, einen Jausenteller oder ein Jausenbrettchen verwendet.

Marille Aprikose

Mus Früher das Volksgericht der armen Leute; es wird aus weißem, fein gemahlenem Maismehl gekocht; es gibt auch Gries- oder Schwarzplenten-Mus.

Nocken Die ovale, etwas kleinere Version der Knödel

Nuier Neuer, meist noch gärungstrüber Wein

Omelett Pfannkuchen, Eierkuchen; süß mit Marmelade oder herzhaft mit Käse und Schinken

Plentene Knödel Knödel aus → Schwarzplent, Buchweizenmehl; damit sie locker gelingen, wird fein geschnittener fetter Speck beigemischt.

Polenta Maisbrei; wird als Beilage zu Pilzen, Braten oder Gulasch gereicht

Pressknödel Platt gedrückte, vor dem Kochen angebratene Knödel, ähnlich einem Laibchen. Dem Teig wird würziger Käse beigemengt.

Ribisl Johannisbeeren

Ribl Krümelig gebratener Mais- oder Buchweizenbrei, häufig werden Kartoffeln beigemischt.

Rindsgeselchtes Geräuchertes Rindfleisch

Rippelen Fester Bestandteil eines Törggelegerichts: Schweinerippchen, angebraten und mit Sauce im Rohr weich gegart.

Rohnen Rote Bete

Saure Suppe In die gebrannte Mehlsuppe, auch „Einbrenn“ genannt, werden weich gekochte geschnittene Rindskaldaunen, „Kutteln“, und ein Schuss Essig gegeben.

Saures Rindfleisch Gekochtes Tellerfleisch, gern von der Schulter, wird mit Zwiebelringen, Essig und Öl angemacht.

Schlutzer

Schlutzer, Schlutzkrapfen Mit Spinat gefüllte, halbmondförmige Teigtaschen, ganz oder teilweise aus Roggenmehl, serviert mit zerlassener Butter und Parmesankäse

Schmarrn In Stücke gerissenes → Omelett, mit Zucker bestreut; für den Kaiserschmarrn werden dem Teig Sultaninen beigegeben.

Schöpsernes Hammelbraten vom Jungschaf, der idealerweise im Rohr zubereitet wird.

Schupfnudeln In Butterbröseln leicht geröstete, fingerdicke, gekochte Nocken aus Kartoffelteig

Schüttelbrot Der dünnflüssige Brotteig aus Roggenmehl wird nicht gewalkt, sondern auf einem runden Brett geschüttelt bzw. geworfen; so entstehen dünne, knusprige Fladenbrote, die lange haltbar sind.

Schwarzbeeren Heidelbeeren

Schwarzplent Buchweizen, eine Blütenpflanze und kein Getreide; das Mehl der kleinen, braunen, pyramidenförmigen Samen hat einen nussigen Geschmack und wird deshalb bevorzugt zu Kuchen, aber auch Knödeln verarbeitet.

Selchkarree Geräuchertes und gepökeltes Rippenstück vom Schwein, Kassler

Siaßer, Sußer Trüber, angegorener Traubensüßmost, auch „Nuier" genannt.

Spatzln Spätzle

Speck Der Name „Südtiroler Speck" wurde von der EU zum geschützten Markenprodukt erklärt. Er bezeichnet ausreichend gereiftes, leicht geräuchertes Schweinefleisch mit niedrigem Salzgehalt. Selbst gemachter „Bauernspeck" ist heute im Handel nicht mehr leicht zu bekommen.

Strauben Ein dickflüssiger Teig aus Mehl, flüssiger Butter, Milch, Schnaps, Eiern und Salz wird unter kreisförmigen Bewegungen mit einem Trichter in heißes Öl gegeben und goldgelb gebacken. Die tellergroße Süßspeise wird mit Preiselbeermarmelade und Puderzucker serviert.

Surfleisch gepökeltes Schweinefleisch, meist von Bauch, Hals oder Schulter, wird in einer Lake mit Pökelsalz und Gewürzen wie Pfeffer, Wacholderbeeren und Knoblauch eingelegt. Nach dem Kochen gewinnt es eine rosa Farbe, ähnlich dem Schinken.

Sußer → Siaßer

Tirtlen, Tirtlan Mit Sauerkraut, Topfen, Spinat oder süß gefüllte und in Schmalz ausgebackene runde Teigtaschen

Topfen Quark

Zieger Würziger Käse, in Form kleiner Bällchen oder Pyramiden, der – anders als sein Name vermuten lässt – aus Kuhmilch hergestellt wird.

1 Himmelreichhof, Tschars

Zwischen Staben am Eingang zum Schnalstal und Tschars, welches erhöht auf einem Murkegel liegt, schmiegt sich eine Reihe von Obst- und Weinhöfen am Fuße des Sonnenbergs in eine Geländebucht, darunter der vor wenigen Jahren neu erbaute Himmelreichhof.

Als der Heimathof von Markus Firi zum nunmehrigen Hotel Himmelreich umgebaut wurde, übernahm die Schwester den Gastbetrieb. Markus hingegen gründete mit den Wiesen, Obst- und Weingütern eine neue Hofstelle, baute ein neues Bauernhaus, den Himmelreichhof, und eröffnete den Hofschank. Er setzte ganz auf Weinbau. Auf dem Hof wurde zwar immer schon Wein für den Eigenbedarf und für den Verkauf an Nachbarn produziert, aus den Trauben von Vernatsch, Blauburgunder und Salzer, einer alten, farbstoffreichen Sorte, wurde der charakteristische Vinschgauer Verschnitt produziert, ein süffiger roter Hauswein. Nun wurde umgestellt, und auf den sonnigen Steillagen um den Hof wurden neue Sorten angepflanzt, die hier gut gedeihen. 2005 wurden die ersten Qualitätsweine abgefüllt, heute werden etwa 20.000 Flaschen abgezogen, vorwiegend Weißburgunder, Riesling, Blauburgunder, Zweigelt und etwas Vernatsch, Letzterer wird vor allem im Hofschank angeboten.

HIMMELREICH

Der Flurname Himmelreich ist im ganzen deutschen Sprachraum zu finden, in Südtirol außer in Tschars auch am Ritten. Er bezeichnet eine besonders sonnige, ertragreiche, geschützte Flurlage, also gewissermaßen ein kleines Paradies auf Erden.

Hier ist Gattin Jutta in ihrem Element, sie hat den Job als Kindergärtnerin an den Nagel gehängt. Sohn Elias, Abgänger einer Wein-Fachschule, bringt nach Praktika in Kellereien, auch im Ausland, eigene Ideen mit ein. Auch Tochter Eva, obwohl berufstätig, hilft in der Saison an Wochenenden mit.

Der Renner ist die Himmelreich-Marende, ein Berg von gemischten Köstlichkeiten: zweierlei Sorten Speck, Kaminwurzen, vier verschiedene Käse, Rindsgeselchtes, Saures Rindfleisch, saure Knödelscheiben, heiße Pellkartoffel, Butter, saures Gemüse. Auf Bestellung allerlei Braten von Rind, Schwein, weiter Gulasch, verschiedene Knödel und Nocken, Saures Rindfleisch und Kalbskopf, hausgebackenes Brot, Salate, Kuchen.

WANDERUNG ZUM HIMMELREICHHOF

Die beiden Begleitwege am Schnalswaal und am Stabener Waal ergeben einen leicht zu bewältigenden Rundweg: Vom Vinschger Bauernladen (Parkplatz) am Eingang zum Schnalstal bringt einen ein Shuttlebus hinauf zum Schlosswirt Juval (gute Einkehrmöglichkeit). Gleich hinter dem Haus verläuft der Schnalswaal, dem wir in Richtung Tschars folgen, bis der Abstieg zum Himmelreichhof ausgeschildert ist; Zurück zum Ausgangspunkt und zum Shuttlebus geht es über den tiefer verlaufenden Stabener Waal.

2 h 15 min, 6,6 km, 245 Höhenmeter

INFOS IN KÜRZE

Himmelreichhof,
Fam. Fliri, Klostergasse 15a, Kastelbell/Tschars
Tel. 0473 624417
www.himmelreich-hof.info

Innen 40, außen 50 Plätze
Geöffnet Anfang Aug.–3. Adventsonntag, Do.–Sa. ab 14 Uhr, So. ab 12 Uhr
2 Ferienwohnungen

Von der Vinschgauer Staatsstraße bei Tschars ins Dorf abbiegen. Unterhalb der Kirche zeigt ein Schild an, dass man rechts in die Klostergasse zum Hotel Himmelreich abbiegen muss; nach 700 m ist unmittelbar vor dem Hotel die Einfahrt zum Hofschank.

2 Jausenstation Weintal, Naturns

Nach der Geländestufe bei der Töll, westlich von Meran, rücken die Berge näher an die Talmitte, das Gebiet geht fließend in die kontrastreiche Landschaft des Vinschgaus über, mit dem bewaldeten Nörderberg auf der einen und den felsdurchsetzten Steilflanken des Sonnenberges auf der anderen Seite. Zwischen den Dörfern Plaus und Naturns schmiegt sich das verträumt gelegene Gasthaus Weintal an den sonnigen Bergfuß und lässt die geschäftigen Touristenorte und den Durchzugsverkehr im Tal vergessen.

Der Weintalhof wird von Familie Götsch in fünfter Generation geführt. Bauer Josef kümmert sich hauptsächlich um die Landwirtschaft, neben Obst baut er auch Wein an und verarbeitet die Trauben zu Eigenbauweinen: einen süffigen Weißen und zwei Rotweine – den leichten, hellen Vernatsch und einen kräftigeren Zweigelt. Bald soll sich auch der weiße Solaris (aus einer neuen Piwi-Sorte) dazugesellen, die entsprechenden Reben sind bereits gepflanzt. Seine Frau Margaret, die als Quereinsteigerin von der Verkäuferin zur Wirtin und Köchin umsattelte, ist für das leibliche Wohl der Gäste zuständig, die Gerichte orientieren sich an der einfachen, ländlichen Küche.

Im Herbst sind neben Kastanien und dem neuen Wein die typischen Törggelegerichte im Angebot, die Hauswürste auf der Schlachtplatte sind hausgemacht, das Fleisch und die Blut- und Leberwürste kommen vom Metzger des Vertrauens. Für Suppenfreunde gibt es Gerst- und Gulaschsuppe sowie Saure Suppe aus Rindskutteln, etwas Besonderes ist die Vinschger Brotsuppe mit Einlagen aus Rindfleisch und Bauernbrotstückchen. Liebhaber der traditionellen Küche finden Vertrautes wie Saures Rindfleisch, Kalbskopf, Wurstsalat, Schlutzkrapfen und allerlei Knödel auf der Speisekarte. Der Speck ist selbst geselcht, der Holunderblüten-, der Apfel-, der Johannisbeeren- und der Pfefferminzsaft sind selbst gemacht. An Sonntagen gibt es Gulasch oder auf Bestellung Sparerips oder Gegrilltes, als Nachtisch locken Krapfen und Apfel- oder Mohnstrudel.

WANDERUNG ZUR JAUSENSTATION WEINTAL

Vom Dorfzentrum Naturns ausgehend ist die Jausenstation Weintal in einer schönen Hangquerung auf dem Sonnenberger Panoramaweg, der Feldwege und Steige verbindet, zu erreichen. Die Markierung 91 führt in stetem Auf und Ab bis zum Pardellhof, steigt dort rechts zur Jausenstation Weintal ab (Weg Nr. 91A) und geht als Weg Nr. 91B über den Steinhof (ab Runster Mühle Nr. 91) nach Naturns zurück.

2½ h, 7,2 km, 250 Höhenmeter

INFOS IN KÜRZE

Jausenstation Weintal,
Fam. Götsch,
Stein 11, Naturns
Tel. 0473 667058

40 Plätze in der Stube, 30 im gemütlichen Garten

Geöffnet Mitte März–8. Dez. ab 11 Uhr, Mi. Ruhetag

Von Meran kommend, zweigt von der Vinschger Staatsstraße gleich nach der Abzweigung Plaus rechts die Zufahrt zur Jausenstation ab, den Hinweisschildern 700 m folgen. Großer Parkplatz.
Bus 251 Meran–Schlanders hält an der Plauser Abzweigung, dann 15 Minuten Fußweg auf der ebenen, asphaltierten Höfezufahrt.

3 Schnalshuberhof, Algund/Oberplars

In Oberplars, einem Ortsteil von Algund, liegen schöne Wein- und Obsthöfe, die sich im Schutz der hohen Berge des Naturparks Texelgruppe zur Töll hinziehen. Einer von ihnen ist der Schnalshuber, der von Weinreben und Obstbäumen umgeben ist und stolz über das Etschtal und das Meraner Becken schaut. Gleich zwei Sonnenuhren zieren seine Fassade und mahnen, die Zeit zu nützen: „Die Stunde kommt nie wieder", bedeutet übersetzt der lateinische Spruch – wer aber beim Schnalshuber einkehrt, kommt mit Sicherheit wieder!

Der Schnalshuber, der ungeachtet seines Namens nichts mit dem Schnalstal zu tun hat, scheint bereits um 1390 als „Snalleser de Pleurs" und 1493 als „Schnalshueben" auf. Er war schon vor 700 Jahren zinspflichtig und musste Wein an den Lehnsherrn abliefern, somit weist er eine lange Tradition als Weinhof auf. Aus den Bioweinbergen von Christian Pinggera kommen einige Raritäten wie etwa der Fraueler, eine alte, säurebetonte Weißweinsorte, aus neuen, pilzwiderstandsfähigen Rebsorten wie Souvignier Gris wird ein fruchtiger Weißer hergestellt. Daneben gibt es die Roten Blauburgunder und Vernatsch. Für die Speisen ist Mama Pinggera zuständig, die Gäste lieben ihre Küche! Ein weitum bekanntes Kuriosum des Schnalshuberhofes ist eine der beiden Stuben, die sogenannte

„Zeitungsstube“, wo unter der alten, abgenommenen Tapete eine Makulatur aus teils noch gut lesbaren Zeitungen aus den Jahren 1870 und 1871 zum Vorschein kam.

Viele der Zutaten wie Kartoffeln, Roggen, Äpfel, Birnen, Gemüse und Kräuter kommen vom eigenen Feld und Garten. Aufgetischt werden Kalbswangen, Kitz, Ossobuchi, Rippelen, Kalbsbraten, Schupfnudeln, Rohnen-, Speck- und Käseknödel, Schlutzer und Salate. Im Herbst gibt es Hauswurst mit Kraut und ein Törggelemenü, zu dem die gebratenen Kastanien gehören. Als Nachspeise werden verschiedene Torten und Kuchen sowie Krapfen mit Marmelade, Mohn oder Kastanien gereicht – besonders erwähnt werden muss die Dinkelvollkornroulade mit Johannisbeeren oder Himbeeren. Bei der Verdauung helfen feine Destillate aus der eigenen Hofbrennerei.

WANDERUNG ZUM SCHNALSHUBERHOF

Der Schnalshuber befindet sich 100 m oberhalb des Algunder Waalwegs, der östlich der Töll beginnt (hier Bushaltestelle und Parkplatz), in einer Viertelstunde ist der Buschenschank erreicht. Wem das zu kurz ist, der startet in Gratsch beim Restaurant Kircher, steigt zum Waalweg auf und wandert gegen die Fließrichtung des Wassers zum Schnalshuberhof.

1½ h, 4 km, 140 Höhenmeter

INFOS IN KÜRZE

Schnalshuberhof, Fam. Pinggera, Oberplars 2, Algund
Tel. 0473 447324 und 335 5878822

Innen 50 Plätze in zwei Stuben, 40 im Garten unter Weinreben

Geöffnet Mitte Feb.–Mitte Juli und Mitte Aug.–Mitte Dez., Do.–So., 18–23 Uhr

Ab-Hof-Verkauf: Säfte, Weine und Destillate; Speck, Käse, Wurstwaren

Von der Töll oder von Algund nach Oberplars. Dort beim Gasthof Wiedmair rechts abbiegen und nach 30 m wieder scharf rechts abbiegen. Der Hof befindet sich auf der linken Seite.

4 Sandgruberhof, Dorf Tirol

Die alten Grafen von Tirol wussten schon, wo sie ihre Stammburg errichteten: Schloss Tirol besticht durch seine beherrschende Position mit toller Aussicht über das ganze Meraner Becken und das Etschtal. Einen Steinwurf entfernt, inmitten von Weinreben und Kastanienhainen, die sich vom Dorf zum Schloss hinziehen, liegt am vielbegangenen Schlossweg unser Ziel, der Sandgruberhof, ein Bauernhaus, dessen Wurzeln bis ins Mittelalter zurückreichen.

Der stilgerecht modernisierte Bauernhof wird von der Familie Parth geführt. Seniorchefin Liesl hat eingeheiratet und 1974 den alten Weinkeller mit Elan in eine Jausenstation samt Törggelekeller verwandelt. An die Anfänge des Ausflugslokals erinnert sie sich gern: „Das waren noch Zeiten, als wir an guten Tagen bis zu 500 Krapfen und 200 Stück Zwiebelkuchen an die Gäste verkauften". Heute sind die Gäste kalorienbewusster, es wird nicht mehr so üppig getafelt. Tochter Cindy, im Dirndl, immer schlagfertig und guter Laune, kümmert sich um den Service, ihr Mann Werner ist Koch, die junge Magdalena ist ebenfalls geschäftig im Einsatz.

Die Renner bei den Tagestellern sind Teigtaschen, Schlutzer, Kaiserschmarrn und Gerstsuppe. An Sonn- und Feiertagen kommen viele Einheimische, dann ist immer ein Braten oder Gegrilltes wie Schweinshaxen auf der Karte. Im Herbst werden die typischen Törggelegerichte serviert, von der Schlachtplatte bis hin zu den Krapfen, den gebratenen Kastanien und dem „Sußer", dem leicht gegorenen Süßmost. Aus den eigenen Weinbergen stammen der rote Vernatsch und der Weißburgunder.

WANDERUNG ZUM SANDGRUBERHOF

Am bequemsten ist der Hof von Dorf Tirol aus in einem 10-minütigen Spaziergang zu erreichen. Wir entscheiden uns aber für den Aufstieg ab Algund; mit dem Rückweg über die Brunnenburg und den Algunder Waalweg ergibt sich eine erlebnisreiche Rundwanderung. Wir starten im Ortskern von Algund, wandern auf dem Jakobsweg Nr. 25A in ca. 30 Minuten hinauf zum Algunder Waalweg, überqueren diesen und steigen kurz auf dem steilen, gepflasterten „Ochsentodweg" (Nr. 29) zur Autozufahrt auf, die von Gratsch heraufführt. In prächtiger Position liegt hier Schloss Thurnstein, Hotel und Ausflugsgasthaus. Nun wandern wir bei herrlicher Aussicht zum Schloss Tirol hinüber und weiter Richtung Dorf Tirol, kurz nach dem Fußgängertunnel liegt unterhalb des Schlosswegs der Sandgruberhof (ab Algund 1½ Stunden). Anschließend steigen wir zur nahen Brunnenburg ab und weiter bis zum Beginn des Tappeinerwegs. Dort rechts ab auf der Laurinstraße zum Einstieg des Algunder Waalwegs und diesem eine halbe Stunde folgend bis zur Abzweigung, die uns wieder links nach Algund führt.

3 h, 8,3 km, 390 Höhenmeter

INFOS IN KÜRZE

Sandgruberhof,
Fam. Parth,
Schlossweg 20,
Dorf Tirol
Tel. 0473 923513
www.sandgruberhof.com

Innen 80 Plätze, außen 150
Geöffnet 20. März–Anfang Nov. 12–22 Uhr, Mo. Ruhetag
3 Appartements und ein Zweibettzimmer

Anfahrt nach Dorf Tirol, gebührenpflichtiger Parkplatz im Ort, oder mit Bus 221, 10 Minuten Fußweg Richtung Schloss Tirol. Für die Wanderung: Anfahrt bis Algund, auch mit öffentlichen Verkehrsmitteln gut erreichbar (Stadtbus Meran, Linie 213).

5 Wenzlhof, Dorf Tirol

Der Buckel, auf dem sich Dorf Tirol ausbreitet, bietet einen beeindruckenden Panoramablick über das Etschtal und zu den umliegenden Dörfern und Bergen. Kein Wunder, dass es bei den Urlaubsgästen so beliebt ist, das Dorfbild hat sich dementsprechend gewandelt. Da tut es gut, noch authentische Buschenschänken wie den Wenzlhof zu finden.

Der Obst- und Weinhof liegt auf 617 m in sonniger Südlage, in der Nähe des mächtigen ehemaligen Seminargebäudes. Seine Wurzeln gehen bis ins 14. Jh. zurück, im 16. Jh. übernimmt ein Christian Wenzl den Hof, der nun als „Wenzlguot" aufscheint und später Wenzlhof heißt. Seit 1898 wird er von Familie Torggler bewirtschaftet. Von den 3,2 Hektar Kulturgrund sind 1,7 Hektar mit Reben bestückt, die einst vorherrschende Sorte Vernatsch wurde allmählich durch die Sorten Sauvignon und Weißburgunder ersetzt, die in diesen Lagen ausgezeichnete Bedingungen vorfinden. Die Trauben werden in einem befreundeten Betrieb vom einem hervorragenden Kellermeister zu Spitzenweinen verarbeitet, die jedes Weinkennerherz höher schlagen lassen. Frau Torggler, eigentlich gelernte Friseurin, hat seit zwanzig Jahren die Küche gut im Griff. Am Nachmittag trudeln die Gäste zu den Marenden ein. Der Wenzlhof ist auch ein guter Platz für die Kinder, die auf der Wiese vor dem Haus auf der Rutsche und den Spielgeräten herumtollen können.

Geboten werden selbst gemachter Speck, Kaminwurzen, verschiedene Käsesorten, frischer Rettich, Graukäse, Kalbskopf oder Saures Rindfleisch mit Zwiebeln. Im Herbst wird der Wenzlhof besonders gern von einheimischen Gästen besucht, zu den gebratenen Kastanien gibt es selbst gemachte Hauswürste mit Kraut und

andere Törggelegerichte, den „Sußer" und Bauernkrapfen mit Marmelade-, Mohn- und Kastanienfüllung. Neben den Weinen gibt es als Durstlöscher selbst gemachte Säfte aus Äpfeln, Johannisbeeren, Himbeeren und Holunderblüten.

WANDERUNG ZUM WENZLHOF

Von den vielen Spazier- und Promenadenwegen, die um Dorf Tirol herum und durch die Ortschaft führen, wählen wir den Apfelweg (Markierung 9). Wir starten im Dorfzentrum, beim Rathaus, gehen in die Seminarstraße, fädeln gegenüber vom Hotel Ruipacherhof in den Weg ein, der bergauf durch Apfelanlagen führt und das mächtige ehemalige Knabenseminar Johanneum mit seinem Zwiebelturm umrundet. Auf dem Rückweg kommen wir am Wenzlhof vorbei.

50 Minuten, 2,7 km, 60 Höhenmeter

INFOS IN KÜRZE

Buschenschank Wenzlhof, Fam. Torggler, Seminarstr. 18, Dorf Tirol
Tel. 0473 923549 und 335 5601790
www.buschenschank-wenzlhof.com

Innen 30 Plätze, auf der Terrasse 35

Geöffnet Mitte Jan.–Mitte Nov., 16–22 Uhr, im Sommer Mo. und Di., im Herbst Di. Ruhetag

Tirol ist ab Meran gut ausgeschildert. Im Dorfzentrum zweigt rund 150 m nach der Pfarrkirche rechts die Seminarstraße ab, an der gut sichtbar der Wenzlhof liegt.

6 Köstenthaler, Schenna

Zugegeben, das Törggelen wurde im Eisacktal „erfunden", das wollen wir gar nicht abstreiten! Aber im Herbst zeigt sich die Natur auch im Meraner Raum in ihrer ganzen Pracht, und auf den sonnigen Hängen gedeiht bester Wein. Unser Ziel ist ein ländliches Gasthaus in Schenna, das besonders zur Törggelezeit gern besucht wird: der Köstenthaler.

Wie der Name bereits erahnen lässt, liegt der Köstenthaler inmitten eines Kastanienhains an einem Berghang oberhalb von Schenna, am Rand eines Bachgrabens. Der 1928 erbaute Bauernhof wird von der Familie Knoll geführt. Die Knolls betreiben Apfel- und Birnenanbau

WANDERUNG ZUM KÖSTENTHALER

Wir starten im Zentrum von Schenna, gehen an Schloss Schenna vorbei, biegen rechts ab und folgen der Markierung 20 und den Wegweisern bergauf zur Talstation der Seilbahn Taser. Hier halten wir uns links und gehen auf einem asphaltierten Weg noch 5 Minuten zu unserem Ziel, dem Köstenthaler (bis hierher 1 Stunde). Für den Rückweg nehmen wir ab der Talstation der Seilbahn den Schenner Waalweg, der uns abwechslungsreich zum Brunjaunhof, einer Jausenstation in beneidenswerter Sonnen- und Aussichtsposition, bringt (Tel. 0473 845842, Mo. Ruhetag). Kurz weiter auf dem Waalweg, dann rechts hinunter zum Weiler St. Georgen zur eindrucksvollen St.-Georgs-Kirche (unbedingt besichtigen!) und auf dem Wiesenweg durch Apfelanlagen nach Schenna zurück.

2½ Stunden, 6,2 km, 280 Höhenmeter

und halten Schafe. Roland steht hinter den Kochtöpfen, seine Frau Maria ist für den Service zuständig. Die Terrasse bietet eine Traumaussicht, vor allem für Familien mit Kindern ist es ein geeigneter Ort, es gibt Haustiere, sogar ein zahmes Reh. So sind die Kleinen beschäftigt und die Großen können getrost ausspannen!

Beim Köstenthaler gibt es vor allem Tiroler Kost wie Kalbskopf, Blutwurst, Hauswurst, Gesurtes und Bauernkrapfen (mit Kastanienfüllung), Graukäse, allerlei Knödel, auch Marillenknödel, und im Herbst natürlich gebratene Kastanien. Gegen den Durst helfen Fassbier, ein guter Wein oder der „Sußer", zwar nicht Eigenbau, aber immerhin! Bei schönem Wetter werden jeden Donnerstagabend Haxen, Rippchen und Hähnchen gegrillt.

ST. GEORG IM OBERDORF

Diese originelle Rundkirche aus dem 13. Jh. war früher wohl die Kapelle einer nahe gelegenen, nicht mehr existenten Burg. Zu bewundern ist ein herrlicher Flügelaltar der späten Gotik. Die Fresken aus dem 14. Jh. sind sehr gut erhalten und zeigen u. a. das Leben des hl. Georg – die ausführlichste Darstellung dieser Art in Südtirol –, weiter das Jüngste Gericht, in den Bordürenmedaillons bärtige Figuren mit den 24 Ältesten aus der Apokalypse und eine seltene plastische Darstellung der hl. Kummernus aus dem 17. Jh. Sonntags geschlossen.

INFOS IN KÜRZE

Köstenthaler,
Fam. Knoll,
Hofweg 3, Schenna
Tel. 0473 945831
www.koestenthaler.com

Innen 80, im Garten 100 Plätze
Geöffnet eine Woche vor Ostern bis 5. Nov., Mi. und Do. Ruhetag bis 17 Uhr
3 Ferienwohnungen

Schenna liegt nordöstlich von Meran. Gebührenpflichtiger Parkplatz im Zentrum oder Bus 231 ab Meran. Wer direkt bis zum Hof fahren will, folgt in Schenna der Beschilderung zur Seilbahn Taser und fährt dort noch ca. 300 m weiter.

7 Buschenschank Rauthof, Meran

Es ist schier unmöglich, sich dem Charme der Meraner Landschaft zu entziehen: ein weites, nach Süden hin offenes Talbecken, von Burgen und schmucken Dörfern umsäumt, in den Obstanlagen und Weinbergen liegen schöne Bauernhöfe. Kein Wunder, dass zahlreiche Touristen von dieser Gegend angezogen werden und das Burggrafenamt zu den Lieblingsdestinationen vor allem deutscher Urlaubsgäste zählt. Unser Ausflugsziel ist der in herrlicher Aussichtsposition oberhalb des Meraner Vorortes Sinich gelegene Rauthof.

Der Hofname sagt uns, dass es sich um uraltes Siedlungsgebiet handelt, „Raut" kommt von „roden", also abholzen, urbar machen. Seit vier Generationen wird der Hof von der Familie Fieg geführt. Josef (Sepp) ist der Bauer, Küche und Service sind die Aufgabenbereiche von Frau Johanna und den Töchtern Martina und Franziska. Seit dem letzten Umbau ist die Küche von der hellen verglasten Veranda aus einsehbar, so können die Gäste beim Zubereiten der Speisen zusehen.

Was auf die Teller kommt, ist der heimischen Tradition verpflichtet: Die Hauswürste und ein Teil des Specks sind hausgemacht, es gibt saures, mit Zwiebelringen angemachtes Rindfleisch und Kalbskopf, an den Wochenenden oder auf Vorbestellung Lammbraten und Rippchen, zur Törggelezeit auch die Schlachtplatten mit Knödeln und Sauerkraut sowie gebratene Kastanien. Im Frühjahr und Sommer wird leichtere Kost wie Kartoffelteigtaschen mit

Brennnesselfülle, Rohnenknödel mit Lauchsoße, Salate, Knödel mit Gartenkresse oder Löwenzahn angeboten. Durstlöscher sind die hausgemachten Holunder-, Apfel- und Birnensäfte. Bei den Weinen sticht unter den Weißen ein trockener, aber aromatischer Goldmuskateller hervor, bei den Roten neben dem Vernatsch und Blauburgunder ein kräftiger Lagrein.

WANDERUNG ZUM RAUTHOF

Zwischen Sinich und Burgstall, auf einem kurzen Teilstück der alten Meraner Staatstraße nördlich vom Hotel „Förstler", folgen wir den Wegweisern „Rauthof" (Nr. 2). Ein uralter, teilweise gepflasterter Plattenweg führt in einer knappen Stunde an der Jausenstation Mitterwalder (515 m, Tel. 0473 244087, an den Wochenenden geöffnet) vorbei. Dort zunächst der Beschilderung „Meraner Waalrunde" folgend, dann leicht bergab über eine kaum befahrene asphaltierte Höfezufahrt an Schloss Katzenstein vorbei, zum oberhalb der Straße gelegenen Rauthof. Rückkehr auf dem Aufstiegsweg oder weiter auf der erwähnten Zufahrt bis zur Einmündung in die Straße nach Schenna. Auf dieser ca. 1 km abwärts bis zum Kreisverkehr bei Sinich und mit Bus 201 (Stundentakt) zurück zum Ausgangspunkt.

ca. 1½ Stunden, 3,3 km, 350 Höhenmeter (nur Hinweg zum Raut)

INFOS IN KÜRZE

Buschenschank Rauthof, Fam. Fieg, Katzensteinstr. 41, Meran
Tel. 0473 244741 oder 349 2189021

Innen 60, außen 40 Plätze

Geöffnet Mitte März–Mitte Juni und Ende Sept.–Ende Dez., Mo. und Di. ab 17 Uhr, Mi. bis So. ab 12 Uhr, kein Ruhetag

Vorbestellung erwünscht

Von der Ausfahrt Meran-Süd der Schnellstraße Meran–Bozen zunächst Richtung Meran, dann bei einem Kreisverkehr Richtung Schenna fahren, nach 850 m rechts Richtung Freiberg abbiegen. Der Hof befindet sich nach ca. 2 km auf der linken Seite.

8 Haidenhof, Tscherms

Meran ist von einem Kranz schöner Dörfern umgeben, Weinberge und Obstanlagen überziehen die Hänge, ebene Wege entlang von Waalen – schmalen Wasserkanälen, die Wasser zu den Feldern und Obstwiesen bringen – laden zu einfachen Wanderungen ein. Unser Ziel ist der Buschenschank Haidenhof, der am Tschermser Waalweg liegt.

Der Obst- und Weinhof, der im 14. Jh. erstmals urkundlich erwähnt wurde, wird von der Familie Erb geführt, drei Generationen arbeiten auf dem Bauernhof und in der Gastwirtschaft. Aus den Trauben, die aus den eigenen Weinbergen kommen, werden Weine von beachtlicher Qualität gekeltert, erstaunlich die Vielfalt, die in Flaschen gefüllt auch verkauft wird: Weißburgunder, Kerner, Sauvignon, Gewürztraminer, Merlot Rosé (mein Tipp!) und Vernatsch. Bei schönem Wetter sitzt es sich gut im Garten unter Lauben mit prächtigem Panoramablick.

Serviert wird typische Tiroler Kost mit saisonalen Variationen, viele der verwendeten Zutaten wie Gemüse, Kräuter, Eier, Speck und Fleisch kommen aus eigener Produktion. Im Herbst gibt es

INFOS IN KÜRZE

Haidenhof, Fam. Erb, Lebenbergstr. 17, Tscherms
Tel. 0473 562392 und 335 7033897
www.haidenhof.it

Innen 60 Plätze, im Garten 80
Geöffnet Ostern–Allerheiligen 10–21 Uhr, Fr. Ruhetag

Von Tscherms über die Baslan- und Lebenbergstraße 2,3 km bergauf fahren.

selbstverständlich gebratene Kastanien, Bauernkrapfen und den „Sußer" sowie die etwas deftigeren Törggelegerichte wie gemischte Schlachtplatten mit Speckknödeln, Vinschger Sauerkraut, geselchtem Fleisch und geräucherten Hauswürsten. Zünftig und schön serviert werden die Jausenteller bzw. -brettchen.

SCHLOSS LEBENBERG

Oberhalb von Tscherms blickt die imposante Burganlage Lebenberg von einem Hügel auf das Etschtal herab. Sie ist ganzjährig bewohnt, von Anfang April bis Ende Oktober (Mo.–Sa.) öffentlich zugänglich und ein lohnendes Ziel für Freunde der Ritterromantik. Um das Schloss rankt sich eine Liebesgeschichte mit unglücklichem Ausgang: Einst fand der Sohn eines reichen Bauern Gefallen an der Tochter des Grafen Heinrich, der jedoch die nicht standesgemäße Liebschaft zu unterbinden suchte. Der Bauernsohn verschwand, es wurde gemunkelt, der Graf habe ihn beseitigt. Bei Restaurierungsarbeiten im Jahre 1927 kamen die sterblichen Überreste eines Mannes zum Vorschein. Laut Legende könnte es sich dabei um den Sohn des Thalguterbauern handeln, die Überreste wurden auf dem Marlinger Friedhof bestattet. Infos zu Schlossbesichtigungen unter Tel. 0473 561425 oder 320 4018511.

WANDERUNG ZUM HAIDENHOF

An der Etschbrücke in Töll bei Algund (hierher mit Vinschgerbahn oder Bus 213 ab Meran) beginnt der Marlinger Waalweg und verläuft, den Bergfuß querend, nahezu eben durch Wälder, Obst- und Weingärten oberhalb der Dörfer Forst, Marling und Tscherms; er endet in Lana (Bus 211 oder 245 zurück nach Meran). Unterwegs begeistern die grandiosen Ausblicke auf das Meraner Becken und das Etschtal. Sowohl Schloss Lebenberg als auch der Haidenhof sind vom Waalweg aus zu erreichen (siehe Beschilderung an der Stelle, wo der Waalweg nach rund 2½ h bzw. rund 7,5 km die Kehre einer schmalen Straße schneidet). Abkürzungsmöglichkeiten durch Zustiege in Marling oder Tscherms.

4 h, 11,2 km, ca. 290 Höhenmeter (Töll–Lana über Haidenhof)

9 Oberbrunnhof, Lana

Waalwege sind die ebenen Begleitsteige, die entlang schmaler Wasserkanäle verlaufen. Sie dienten einst der Instandhaltung dieser Kanäle, die Wasser zu den Feldern und Wiesen brachten. Auf so einem Steig, der je nach Abschnitt Marlinger oder Tschermser Waalweg heißt, machen wir einen Spaziergang zum einfachen Buschenschank Oberbrunn. Dabei genießen wir herrliche Ausblicke über das Etschtal, das sich im bunten Herbst von seiner schönsten Seite zeigt.

Der Oberbrunnhof ist ein Wein- und Obsthof in schönster Sonnenlage am Hang zwischen Tscherms und Lana. Wo kann man schon zwischen Palmen und Olivenbäumen sitzen und die Aussicht bei einem guten Glas Eigenbauwein genießen? Die Wurzeln des Hofes reichen weit zurück, bereits 1369 wurde er erstmals urkundlich erwähnt. Die Gewölbe stammen aus romanischer Zeit, die Giebelkonstruktion aus dem Jahr 1701, und an der Fassade sind Fresken aus der Barockzeit zu sehen, die die Heiligen Maria, Antonius, Sebastian und Rochus darstellen. Oswald Verdorfer, der leutselige Bauer, weiß viel zu erzählen, seine Frau Friederike (Frieda) sorgt für die gute, einfache Kost.

Auf der Speisekarte stehen Knödel – sonntags ein Knödeltris –, Pellkartoffeln mit Butter und Gorgonzola, Spiegeleier mit Speck, Omeletten und Schmarrn, Apfelstrudel, Jausenteller mit Käse, Speck und Kaminwurzen. Der Lagrein, der Chardonnay und der Vernatsch werden auf dem Hof produziert, auch der Apfelsaft ist hausgemacht. Im Herbst gibt es den neuen Wein, den „Sußer“, und gebratene Kastanien – zum Hof gehören nämlich 13 große Kastanienbäume!

WANDERUNG ZUM OBERBRUNNHOF

Der Marlinger bzw. Tschermser Waalweg ist der mit knapp 11 Kilometern längste seiner Art in Südtirol. Er beginnt an der Etschbrücke bei Töll in der Gemeinde Partschins und verläuft nahezu eben durch Wälder sowie Obst- und Weingärten oberhalb der Dörfer Forst, Marling und Tscherms und endet in Lana. Wir starten in Tscherms, am Dorfplatz, und folgen den Wegweisern „Lebenberg, Waalweg“ und Weg Nr. 33A durch Obstfelder in steter Steigung bis zum Einstieg in den Waalweg. Auf diesem geht es nun in ebener Hangquerung südwärts zum Oberbrunnhof oberhalb von Tscherms, unserem Einkehrziel. Von dort kurzer Abstieg nach Lana zum Busbahnhof und mit dem Bus 211 oder 245 zurück nach Tscherms.

1½ h, 4 km, 160 Höhenmeter

INFOS IN KÜRZE

Buschenschank Oberbrunn, Fam. Verdorfer, Raffeingasse 7, Lana
Tel. 0473 564252

Im alten Keller mit den beeindruckenden Gewölben 30 Plätze, im Garten 50

Geöffnet zwei Wochen vor Ostern–Mitte Juni und Mitte Aug.–Allerheiligen, im Hochsommer geschlossen, Mi. Ruhetag

In Oberlana, am Kreisverkehr zunächst wenige Meter Richtung Ulten, dann rechts in den Villenerweg und links in die Raffeingasse. Ab hier beschildert. Der Oberbrunnhof liegt wenig oberhalb des Waalwegs. Vom Bahnhof in Meran verkehrt der städtische Linienbus Nr. 211 im 15-Minuten-Takt nach Tscherms und Lana.

10 Außerhof, St. Pankraz, Ulten

Ab Lana windet sich die kurvige Straße ins Ultental bergauf, um an Höhe zu gewinnen. Auf den sonnigen, nach Süden ausgerichteten Hängen, liegt der stattliche Außerhof auf 630 m. Der Hofname sagt es eigentlich schon: Es ist der letzte, der äußerste der Bauernhöfe, die noch zum St. Pankrazer Gemeindegebiet gehören.

Eigentlich wähnt man sich noch in der Peripherie von Lana, bis nach St. Pankraz, dem ersten Dorf im Ultental, ist es noch ein gutes Stück Straße. Der Hof liegt im Weiler „Gegend", die Nachbarn sind der Oberaußer- und der Unteraußerhof. Und bis vor einigen Jahrzehnten gab es noch den Außeraußerhof, also einen allerletzten Hof, der heute unbewohnt ist. Der Außerhof wurde 2006 neu errichtet, vom alten Bauernhaus blieben nur die Kellergewölbe, die aus dem 16. Jh. stammen, erhalten. In diesen urigen Räumen wurde ein zünftiger Buschenschank eingerichtet. Bauer Elmar Laimer

MIT DER SEILBAHN NACH PAWIGL

Ganz in der Nähe des Außerhofs (15 Minuten) liegt die Talstation der kleinen Pawigler Seilbahn. Die Fahrgäste verständigen den Fahrdienstleiter an der Bergstation per Kurbeltelefon, und schon fährt die Bahn ohne Begleitpersonal in wenigen Minuten in die Höhe bis ins Dörfchen Pawigl (1100 m). Hier laden das Gasthaus Pawigler Wirt (Tel. 333 4797746) und die Höhenkirche St. Oswald zu Besuch und Besichtigung ein.

bewirtschaftet rund 3 Hektar Weinberge und 5 Hektar Obstanlagen. Diese Hügellagen sind ideal für Trauben der Sorten Blauburgunder, Vernatsch und Müller-Thurgau, die an eine Kellerei geliefert werden und als Eigenbauwein im Ausschank kredenzt werden. Auf dem Hof ist auch eine eigene Speckselcherei eingerichtet, der ganze Stolz des Bauern. In der Küche stehen Frau Vera und auch Elmar selbst, der das Kochen von seiner Mutter gelernt hat.

Es gibt Saures Rindfleisch und Kalbskopf, Knödel- oder Nudelsuppe, wechselnd Fleischgerichte wie Gegrilltes, Kalbs- oder Schweinshaxen, selbst gemachter Speck wird mit dem Almkäse auf Jausentellern serviert. Im Herbst werden Törggeleabende organisiert, dann kommen Schlachtplatten, gebratene Kastanien und „Sußer" auf den Tisch.

WANDERUNG ZUM AUSSERHOF

In Lana wurde der Kultur- und Naturlehrpfad „Aichbergweg" angelegt, der an der Falschauerbrücke in Oberlana startet und über die Obst- und Weinberge, mit schönster Aussicht über das Etschtal, bis zum Außerhof führt. Informationstafeln längs des Weges geben Auskunft über den Obst- und Weinbau und die Geschichte dieser alten Kulturlandschaft. Der Rückweg geht vom Außerhof in einer langen Hangquerung bis zum Buschenschank Oberbrunn und von dort nach Lana zurück.

2 h, 5,4 km, 340 Höhenmeter

INFOS IN KÜRZE

Außerhof, Fam. Laimer, Gegend 16, St. Pankraz
Tel. 0473 561666
www.ausserhof.com

Innen 100, außen 40 Plätze
Geöffnet Ende März–Ende Juni und Ende Aug.–Ende Nov., Di. Ruhetag
Vier Ferienwohnungen

Von Lana auf der Ultner Straße 4 km bergauf fahren, gegenüber dem Gasthof Forsthof rechts zum Außerhof abbiegen.

11 Jausenstation Greitwies, Lana/Pawigl

Am südwestlichen Hang des Vigiljochberges bei Lana liegen verstreut etliche Wein- und Obsthöfe, darunter auch Greitwies. Während der Seilbahnfahrt von der Ultner Straße hinauf nach Pawigl, dem kleinen Weiler auf 1.100 m, eröffnet sich der beste Blick auf diesen schönen Landstrich.

Der kleine Bauernhof schmiegt sich an den steilen Hang, vor dem Haus ist ein schöner Gastgarten, von dem der Blick über Wiesen und Obstgärten und das äußere Ultental geht. Greitwies hat eine lange Vergangenheit, wurde bereits um 1700 als „Greitwis, Häusl, Mihl und Stampf und 3 Tagmahd Wissen, zu Engetal" gehörig erwähnt. Seit fast 40 Jahren führt die Familie Geiser neben der Landwirtschaft mit Obst, Gemüse, Ziegen und Schafen eine Jausenstation.

Frau Irmgard kocht gerne, das merkt man sofort. Die Küche ist den ganzen Tag geöffnet und bietet traditionelle Hausmannskost: Spiegeleier mit Speck und Bratkartoffeln, Omeletten und Schmarrn, Salatplatten und Jausenbrettchen. Auf Bestellung oder an Sonn- und Feiertagen gibt es schon mal Hasenbraten, zur Törggelezeit sind die Hauswürste selbst gemacht, die Kastanien kommen aus der Gegend, das Haus steht ja inmitten eines Kastanienhains. Eine Spezialität sind die auf der Steinplatte zubereiteten Grillgerichte (Rippchen, Koteletts, Brat- und Weißwürste), der geräucherte Schweinebauch, die verschiedenen Knödel und die Saure Suppe, viele der einheimischen Gäste kommen extra ihretwegen. Herrlich auch die Kuchen, versuchen Sie die Ananas-Kokos- oder die Brombeertorte!

MICHAEL ANDERSAG

Eine Gedenktafel am Haus erinnert an den akademischen Maler Michael Andersag (1799–1864), der aus Pawigl stammte. Er schuf vorwiegend religiöse Tafelbilder und Portraits. Werke von ihm finden sich u. a. in der Kirche von Völlan und in der Maria-Trost-Kirche in Untermais. 1852 wanderte er in die USA aus, er bewarb sich als Kunstlehrer an der Polytechnic School in Williamsburgh und nahm die amerikanische Staatsbürgerschaft an. 1862 trat er trotz seines fortgeschrittenen Alters als Freiwilliger in die Armee ein, nahm am Bürgerkrieg teil und fiel am 15. Mai 1864 bei Resaca am Oostanaula River.

WANDERUNG ZUR JAUSENSTATION GREITWIES

In Oberlana beginnt an der Falschauerbrücke, nahe dem Hotel Teiss, der alte Braunsbergweg (Nr. 34). Er führt an Schloss Braunsberg vorbei, nach der Überquerung der Ultner und der Pawigler Straße geht es auf einer asphaltierten Waldstraße zur Jausenstation Greitwies. Rückkehr auf demselben Weg.

1 h 35 min, 3,1 km, 550 Höhenmeter (nur Anstieg)

INFOS IN KÜRZE

Jausenstation Greitwies, Fam. Geiser, Pawigl 3, Lana
Tel 0473 563376 und 339 2229238
www.greitwies.it

Innen 40 Plätze in drei verwinkelten Stübchen, 50 im Garten
Geöffnet Mitte März–Mitte Nov. ab 10 Uhr, abends auf Vorbestellung, Di. Ruhetag

Von Lana auf der Ultner Straße ca. 5,5 km in Richtung Ultental bis zur Kreuzung nach Pawigl, nun 1,6 km bergauf bis links die Zufahrt zur Jausenstation Greitwies abzweigt.

12 Wieslerhof, Burgstall

Auf dem Sonnenhang zwischen Meran und Bozen genießen wir die herrliche Aussicht über das Etschtal und freuen uns im Herbst über das bunte Farbenkleid der Natur. Oberhalb von Burgstall liegt ruhig und abgeschieden der Wieslerhof, eine beliebte Törggeleadresse.

Der Wiesler hat seinen Namen von einer Reihe von kleinen Wiesen- und Rodungsflächen, die um den bereits im fernen Jahr 1369 erstmals erwähnten Wein- und Obsthof liegen. Seit den 1930er-Jahren wird er von der Familie Kofler bewirtschaftet. Klaus besorgt mit Sohn Hannes die Landwirtschaft und den Keller, Waltraud – mit Vinschgauer Wurzeln und einschlägiger Erfahrung im elterlichen Gastbetrieb – hat in der Küche das Regiment. Gegessen wird in der getäfelten Stube mit Panoramafenstern oder auf der windgeschützten

INFOS IN KÜRZE

Buschenschank Wiesler, Fam. Kofler, Kirchweg 22, Burgstall
Tel. 0473 291327
www.wieslerhof.com

Innen 50 Plätze, auf der Terrasse 30

Geöffnet Mitte Sept.– Dez. (über Weihnachten drei Wochen geschlossen); Mitte Jan–Mitte Mai, 11.30–20 Uhr, Di. Ruhetag

In Burgstall beginnt beim Hotel Muchele die beschilderte, knapp 3 km lange, asphaltierte Bergstraße zum Wiesler.

Terrasse vor dem Haus mit prächtigem Ausblick über das Etschtal. An Sonntagen herrscht beim Wiesler großer Andrang, da sollten Sie unbedingt vormerken!

Die Speisekarte ist beachtlich, Tiroler Hausmannskost herrscht dabei vor: Es gibt Saures Rindfleisch oder Kalbskopf mit Zwiebelringen, lockere Knödel und Nocken verschiedenster Art, Brettlmarenden, Graukäse und im Herbst die ganze Palette der Törggelegerichte mit Hauswurst, Rippchen, Sauerkraut, neuem Wein und gebratenen Kastanien. Auch die Säfte sind hausgemacht so wie die Kuchen und der Strudel. Auf der Weinkarte stehen ein aromatischer Müller-Thurgau, ein süffiger roter Vernatsch und eine Cuvée aus Blauburgunder und Zweigelt, allesamt Eigenbauweine.

SEILBAHNUNFALL

1970 hat sich beim Wieslerhof ein schlimmes Unglück zugetragen: Damals, als es noch keine Verbindungsstraße ins Tal gab, kamen nach dem Besuch der Messe die Großeltern, eine Tante und ein Kind beim Absturz der Materialseilbahn zum Hof ums Leben. Nahe der Kirche von Burgstall erinnert eine Gedenktafel an das tragische Unglück.

WANDERUNG ZUM WIESLER

Eine Rundwanderung startet zwischen Sinich und Burgstall, auf einem kurzen Teilstück der alten Meraner Staatstraße nördlich vom Hotel „Förstler": Bei einer Panoramatafel (270 m) beginnt die markierte Route (Hinweisschild „Rauthof"), ein alter Plattenweg führt stetig bergauf zur Jausenstation Mitterwalder (515 m, Tel. 0473 244087). Nun geht es auf asphaltierter Straße weiter aufwärts zum Restaurant Hecherhof (höchster Punkt 640 m, Tel. 0473 244086, ab Start ca. 70 Minuten). Von hier bergab (Nr. 1A), am Koflerhof vorbei und bei einer Kreuzung auf breiter Straße zum Wiesler (565 m), unserem Ziel. Von dort steigen wir auf einem Steig zur Kirche von Burgstall ab. Hier beginnt der Graf-Volkmar-Weg, ein promenadenartiger Steig führt am Bergfuß zum Startpunkt zurück (ab Kirche 50 Minuten).

2 h 45 min, 7 km, 410 Höhenmeter

13 Hofstätterhof, Tisens

Südlich von Meran liegt auf der rechten Seite des Etschtals das Mittelgebirge von Tisens, ein von der Natur besonders privilegierter Landstrich. Das milde Klima begünstigt Obst- und Weinbau, die geschützte, sonnige Lage mit ihren landschaftlichen Reizen war seit jeher ein bevorzugtes Wohngebiet, Burgen, Schlösser, malerische Ansitze, Reste von Wehranlagen und Höhenkirchen zeugen davon. Die wenigen Dörfer und Weiler und unser Ziel, der Hofstätterhof, liegen abseits des Durchzugsverkehrs, eingebettet in Kastanienhaine und Obstgärten.

Die Geschichte des Hofes geht weit zurück, bereits 1357 wurde die Hofstätte der nahen Leonburg erwähnt. Die Landwirtschaft mit dem Obst- und Weinbau ergänzt sich gut mit dem Buschenschank, der von Touristen und Einheimischen gleichermaßen gern besucht wird: Der herrliche aussichtsreiche Platz, die günstige Lage an mehreren Wanderrouten und die gute Küche locken zahlreiche Gäste an. Hinter dem Herd steht Senior Oskar, gelernter Koch, Sohn Simon tritt schon in seine Fußstapfen, Bruder Jonas kümmert sich mit seiner Mutter Evi um den Service.

Auf der Speisekarte stehen traditionelle Gerichte aus der Südtiroler Küche: allerlei Knödel und Nocken, Salate, im Herbst die Törggelemenüs mit Surfleisch, Würsten, Rippchen und Sauerkraut. Im Sommer wird mittwochs ab 18 Uhr gegrillt, dann gibt es würzige Rippchen, Koteletts und Würstchen, dazu wird Polenta gereicht. Jeden Donnerstag (ab 16 Uhr) werden im alten Holzofen die traditionellen Paarln aus Roggenmehl gebacken – da kann jeder mitmachen! Freitags hingegen ist Knödeltag: Speck-, Leber-, Spinat-, Käse- oder Schwarzplentene Knödel und süße Knödel mit Erdbeeren, Marillen oder Zwetschgen. Der Vernatsch kommt von einem Nachbarn, aus dem eigenen kleinen Weinberg stammt der rote Monarch und der weiße Solaris, beides neue, pilzwiderstandfähige Sorten, die biologisch angebaut werden. Die Säfte und ein Teil vom Speck sind ebenfalls hausgemacht.

SPAZIERGANG ZUM HOFSTÄTTER

Vom Weiler Naraun (Parkplatz) an der Abzweigung nach Tisens an der Gampenstraße gehen wir den Weg Nr. 8 durch Felder und Obstwiesen nordwärts, an einer Wegteilung folgen wir dem Wegweiser 8B bergauf durch Kastanienhaine und Obstwiesen, treffen auf den Weg Nr. 4 und folgen ihm kurz leicht bergab zum Hofstätterhof. Anschließend kehren wir auf Weg Nr. 5B zum Ausgangspunkt zurück.

1 h, 3,2 km, 130 Höhenmeter

INFOS IN KÜRZE

Hofstätterhof, Fam. Gassebner, Naraun 29, Tisens
Tel. 0473 920767
www.hofstaetterhof.it

Insgesamt ca. 60 Plätze

Geöffnet Anfang Apr.–Ende Juni und Anfang Aug.–Mitte Nov. von 11–23 Uhr, Di. Ruhetag

Von der Gampenstraße – aus Lana kommend etwa 400 m nach der Kreuzung mit der Tisner Straße – rechts abbiegen (beschildert) und 700 m zum Hof bergauf fahren.

14 Oberlegar, Terlan

Auf dem steilen und felsigen Hang des Tschöggelbergs oberhalb von Terlan liegt auf einer sonnigen, nach Südwesten ausgerichteten Geländeterrasse in einer großen Rodungsinsel auf 695 m der Buschenschank und Weinhof Oberlegar. Vor langer Zeit hat der Mensch der Natur dieses Land abgerungen und urbar gemacht, die Lage ist für den Weinbau ideal.

Das stattliche Bauernhaus wurde vor etlichen Jahrzehnten unweit der alten Hofstelle neu erbaut. Zum Haus gehören 4,5 Hektar beste Weinlagen mit roten Vernatsch- und weißen Sauvignontrauben. Franz Schwarz ist mit Leidenschaft Weinbauer und Wirt, seine Frau Helene ergänzt ihn aufs Beste in Küche und im Service, unterstützt von weiteren Familienmitgliedern und Helfern, die im Herbst, zur Törggelezeit, einspringen. Gegessen wird in den zwei hellen, getäfelten Stuben oder auf der Terrasse unter einer Pergola, Sonnenhungrige nutzen die Liegestühle auf der Wiese vor dem Haus.

Es kommt viel Selbstgemachtes auf den Tisch wie Speck, Kaminwurzen, Brot, Nudelgerichte, der gekochte Schinken zu den Spargeln im Frühjahr, das Sauerkraut zu den Haus- und Blutwürsten im Herbst. Je nach Jahreszeit gibt es Spargelsuppe und -strudel, Bärlauch- oder Brennnesselknödel, im Herbst Kastanien-, Kürbis- und Gerstsuppe, oft Saure Suppe, dann Schlutzer, Käse-, Rohnen- und Brennnesselnocken, Kürbisteigtaschen, Schlachtplatte, Rippchen, Lammbraten und geschmorte Rindswangen. Natürlich fehlen die gebratenen Kastanien und die „Krapfen“ nicht. Gegen den Durst gibt's verschiedene Säfte und natürlich gute Eigenbauweine.

WANDERUNG ZUM OBERLEGAR

Ab der Pfarrkirche von Terlan (Bahnhof und Bushaltestelle) folgen wir den Hinweisschildern (Nr. 4) über den Kirchweg am Ansitz Liebeneich vorbei, zum Hof Klaus in der Mühl. Der Weg wird jetzt zum Steig, es geht nun stramm bergauf, nach 220 Höhenmetern und 40 Minuten Gehzeit treffen wir auf die Möltner Straße, verlassen sie aber sofort wieder und biegen links in die von Büschen und Bäumen überwucherte ehemalige Möltner Straße ein. Unterhalb des Bauernhofes Unterlegar stoßen wir wieder auf die neue Möltner Straße und folgen nun dieser, bis wir rechts auf den Fußweg zum Oberlegar stoßen. Für den Rückweg gehen wir zurück auf die Möltner Straße und nehmen nach der Kehre den Weg 4A, der rechts bergab, an den Tschirglhöfen vorbei, in den Ortsteil Oberkreuth und vorbei am Schwimmbad Terlan wieder ins Dorfzentrum führt.

3 h, 8 km, 470 Höhenmeter

INFOS IN KÜRZE

Buschenschank Oberlegar, Fam. Schwarz, Möltner Str. 2, Terlan Tel. 0471 678126 oder 334 3189520

Innen 50, außen 30 Plätze

Geöffnet Mitte März–Ende Mai, Mitte Sept.–Anfang Dez. ab 16 Uhr, an Sonn- und Feiertagen ab 12 Uhr, Di. Ruhetag

Vorbestellung erwünscht

In Terlan Richtung Mölten abbiegen, nach knapp 5 km ist rechts an einer Bushaltestelle die Einfahrt zum Oberlegar; großer Parkplatz. Anfahrt auch mit Bus 204 ab Terlan möglich.

15 Föhrnerhof, Bozen

Auf den südseitigen Flanken des Tschöggelbergs, die hinter dem grünen Bozner Stadtteil Gries steil aufsteigen, liegen auf einem etwas flacheren Geländerücken inmitten schönster Rebanlagen die Höfe von Guntschna, einer von ihnen ist der Föhrner (500 m). Die Aussicht, die man von hier über die Stadt Bozen, über das Unterland und zu den Dolomiten mit dem alles beherrschenden Rosengarten genießt, ist unübertroffen.

Es handelt sich um uraltes Siedlungsgebiet, bereits im 12. Jh. werden die Höfe von Guntschna urkundlich erwähnt. Sie sind nicht nur über die Straße nach Jenesien, sondern auch von Gries aus über einen sanften Promenadenweg und im Anschluss daran über einen steilen, alten Plattenweg gut zu Fuß zu erreichen. Der Föhrner hat vor etlichen Jahrzehnten Besitzer gewechselt und wurde daraufhin gründlich erneuert. Mittlerweile ist er fest in Frauenhand: Mutter Bruni ist die Küchenchefin und für die guten Gerichte zuständig, während Tochter Karin für den Service und die Weine verantwortlich ist.

Das Speisenangebot wechselt je nach Jahreszeit, immer beliebt und gefragt sind jedoch die Schlutzkrapfen mit extra dünnem Teig und die Klassiker wie verschiedene Knödel, Kartoffelteigtaschen mit Käsefüllung, Schwarzbrotnocken mit Graukäsesauce, schmackhafte Suppen, darunter die Gerst- und die Leberknödelsuppe. Im Frühjahr sind Spargelgerichte, der Hausschinken, Lamm-,

„Schöpsen-“ und Kaninchenbraten im Angebot, im Herbst kommen natürlich Törggelegerichte wie die Schlachtplatte, selbst gemachte Hauswürste und Blutwurst auf die Teller, dazu gibt es gebratene Kastanien und neuen Wein. Zum Nachtisch werden Apfelstrudel, verschiedene Kuchen und Halbgefrorenes gereicht. Die Säfte sind selbst gemacht, zur Auswahl stehen Apfel-, Holunder-, Pfefferminz-, Melissen- oder Johannisbeersaft. Sehr gut sind die Weine: ein weißer Chardonnay und ein Gewürztraminer sowie ein typischer roter Magdalener (wir sind im besten Anbaugebiet!) und ein kräftiger, dunkler Lagrein.

WANDERUNG ZUM FÖHRNERHOF

Ausgangspunkt ist der Grieser Platz (Bus 10A bzw. 10B). Von dort geht es vorbei an der Alten Grieser Pfarrkirche zur Guntschnapromenade. Das erste Teilstück geht über diese Promenade, wir genießen die Aussicht über Bozen, die Dolomitenkulisse und die vielen mediterranen Pflanzen, die an diesem klimatisch begünstigten Standort gedeihen. Nach der Wohnanlage „Villa Germania“ – die um die Wende vom 19. zum 20. Jh. ein Nobelhotel war – treffen wir auf die ersten Weingärten. Hier verlassen wir die Promenade (Hinweisschild), biegen in den Buschwald ein und folgen dem alten und steilen Weg zum Föhrner. Rückkehr auf dem Hinweg oder auf der Zufahrt zum Föhrner hinüber zur Jenesier Straße und zur dortigen Bushaltestelle (Bus 156).

50 min, 2 km, 240 Höhenmeter (nur Hinweg)

INFOS IN KÜRZE

Föhrnerhof, Fam. Bracchetti, Glaninger Weg 19, Bozen
Tel. 0471 287181

Innen 50 Plätze, auf der Terrasse 12

Geöffnet Ende Sept.–Mitte Dez., Mi.–Fr. ab 18 Uhr, Sa. und So. ab 12 Uhr, Mitte Feb.–Mitte Mai, Do. ab 18 Uhr, Fr.–So. ab 12 Uhr

Vormerkung empfehlenswert, Ab-Hof-Verkauf: Fruchtaufstriche, Sirupe und Apfelsaft

Mit dem Auto von Bozen die Straße nach Jenesien 2 km bergauf fahren, unmittelbar vor dem dritten Tunnel (Bushaltestelle) links abbiegen (Schild beachten). Nach 300 m befindet sich der Föhrner. Parkplatz vor dem Haus.

16 Gasthof Messner, Glaning

Das behagliche und ursprüngliche Bauerngasthaus liegt idyllisch inmitten von Obst- und Kastanienbäumen auf der kleinen Hochfläche von Glaning (760 m), neben der Kirche zum hl. Martin. Schön, dass es in Stadtnähe so etwas gibt! Besonders reizvoll ist es im Spätherbst oder an sonnigen Wintertagen auf der alten, verglasten Veranda.

Im 17. Jahrhundert wurde das Kirchlein in Glaning dem hl. Martin geweiht, vorher war die hl. Magdalena die Kirchenpatronin, eine erste urkundliche Erwähnung gibt es um 1334. Es ist anzunehmen, dass auch der Messnerhof neben der Kirche auf diese Zeit zurückgeht. Hinter den Kochtöpfen regiert Herta Burger, unterstützt von Sohn Martin, der nach einer Kochausbildung und Praxis in guten Restaurants seine Ideen einbringt.

INFOS IN KÜRZE

Gasthof Messner, Fam. Burger, Glaning 13, Jenesien
Tel. 0471 281353
www.gasthof-messner.it

In der Stube 30, in der Veranda 70 und auf der Terrasse bzw. im Garten unter Weinlauben 70 Plätze

Geöffnet Mitte Sept.–Mitte Juli, durchgehend warme Küche, Mo. Ruhetag

Am Abend Vorbestellung empfohlen

Von der Straße nach Jenesien nach 3,5 km links in einen Tunnel Richtung Glaning abbiegen und weitere 1,5 km bis zum Messner fahren.

An Sonntagen ist die Auswahl auf der Tageskarte größer, wechselnd sind Kalbs-, oft auch Rehbraten, Rindsgulasch, Schweinshaxen und gebratene Rippchen vom Rohr im Programm, dazu werden Speck-, Käse- oder Leberknödel serviert. Besonders beliebt sind die hausgemachten Schlutzer, die mächtigen Wiener Schnitzel und die Omeletten, gern bestellt werden die Mehlspeisen: Käsesahne- oder Kastanientorte, Roulade, süße Krapfen und natürlich der Apfelstrudel. Zur Verdauung hilft dann der „Nusseler". Im Herbst kommen viele Gäste zum Törggelen, denn hier gibt es nicht nur gebratene Kastanien, sondern auch Hauswürste mit Kraut, Selchkarree und den „Nuien", aber auch einen roten Vernatsch und einen Weißburgunder, beides vorzügliche Eigenbauweine. Auch der Apfelsaft ist selbst gepresst. Aus dem eigenen Garten kommen je nach Jahreszeit verschiedene Salate, Gemüse und Kräuter.

KIRCHE ZU DEN HEILIGEN MARTIN, KOSMAS UND DAMIAN

Das Kirchlein neben dem Messner ist neben dem hl. Martin auch den Ärzteheiligen Kosmas und Damian geweiht. Im Tal, bei Moritzing, gab es in vorrömischer Zeit in der Nähe von inzwischen versiegten Schwefelquellen einen Kultplatz, am Berghang wurde dann in christlicher Zeit ein Kirchlein erbaut, worin die Heiligen Kosmas und Damian verehrt wurden. Später hat man die Reliquien und das Altarbild mit den beiden Heiligen in die Martinskirche nach Glaning gebracht: Dadurch kam diese unter die Schutzherrschaft von gleich drei Heiligen!

BOZNER BURGENWEG CASTELRONDA

Der Bozner Burgenweg Castelronda verbindet auf 20 km die schönsten Schlösser und Burgruinen zwischen Bozen und Terlan. Ein Teilstück führt am Gasthof Messner vorbei. Von der Talstation der Jenesier Seilbahn (hierher mit Stadtbus 12 bzw. 14) geht der durchgängig beschilderte Weg teils auf Steigen, teils auf der wenig befahrenen Straße über Rafenstein (empfehlenswerte Einkehrmöglichkeit), St. Georgen und den Trattner in Guntschna zum Messner (bis hierher 2½ Stunden). Der Rückweg führt zunächst kurz zurück und dann über den steilen Ochsentodweg (Nr. 9) zum Föhrner (Einkehr, siehe S. 40) und von dort hinunter nach Gries (mit Bus 10B zurück ins Zentrum von Bozen).

3½ h, 9,3 km, 690 Höhenmeter

17 Gasthaus Noafer, Glaning

Auf dem Südwesthang des Tschöggelbergs liegt auf einer sonnigen, ebenen Geländeterrasse in 770 m Höhe, von Kastanienhainen umgeben, der Noafer. Er bietet eine herrliche Weitsicht nach Osten zum Rosengarten und nach Westen zu den Meraner Bergen.

Die Wurzeln des Hofes gehen bis ins Mittelalter zurück, als er Versorgungshof der nahen Burg Greifenstein war. Der Noafer wird von der Familie Lamprecht-Lechner als Bauernhof und Gasthaus geführt. Von den drei Schwestern ist Maria die Wirtin, ihr Mann Günther steht in der Küche, Annelies und Johanna helfen bei Bedarf aus und Bruder Andreas ist Bauer und für den Wein zuständig.

Die Speisekarte ändert sich mit den Jahreszeiten: Im Frühjahr gibt es Spargelgerichte, im Frühsommer Leichteres wie Gemüse- und Brennnessellasagne, im Herbst Teigtaschen und Gnocchi mit Kastanien, dazu Schlachtplatten sowie gebratene Kastanien, im

WANDERUNG ZUM NOAFER

In Moritzing, im Moritzinger Weg, beginnt etwas östlich der Einfahrt zum Campingplatz Moosbauer der Weg Nr. 11B; die Haltestelle „Abzweigung Alter Schießstand" der Stadtbuslinie 10A bzw. 10B ist nur knapp 900 m entfernt. Zwischen schönen Rebzeilen geht es auf den Berghang zu und dann auf dem alten, gepflasterten Weg, über Felsstufen, an einem vereinzelten Gehöft vorbei und zuletzt durch einen Kastanienwald zum Noafer (ca. 1½ h). Der Rückweg geht über die wenig befahrene Straße bis Glaning (Markierung 9), wo ein Steig in den Buschwald eintaucht und steil nach Bozen zum Grieser Platz führt (10A bzw. 10B).

3½ Stunden, 7,1 km, 550 Höhenmeter

Winter Pressknödel mit Graukäse und Erdäpfelblattln mit Sauerkraut. Ein Hit sind die Leberknödel nach Omas Rezept. Als Süßspeisen locken Torten, Kuchen und „Striezel", Hefegebackenes mit Sultaninen. Von den 4 Hektar Weinbergen kommen exzellente Weine wie Weiß- und Blauburgunder, Sauvignon und Zweigelt.

RUINE GREIFENSTEIN

Vom Noafer aus bietet sich der Besuch der Ruine Greifenstein an; sie stammt aus dem frühen 12. Jh. und wird im Volksmund „Sauschloss" genannt: Ähnlich einem Adlerhorst ist sie auf einer Felsnadel gelegen und vom Noafer aus in zwanzig Minuten zu erreichen (Steig Nr. 11). Das letzte Steigstück zur Burgruine ist etwas schmal und ausgesetzt, der Zustieg zum Burghof ist nicht ganz einfach. Rückweg wie Hinweg. Man erzählt sich, dass die verzweifelte Besatzung der Burg während einer Belagerung die allerletzte Sau über die Schlossmauer warf, um Nahrungsüberfluss vorzutäuschen und die Belagerer tatsächlich zur Aufgabe zu bewegen. Tatsächlich wurde die Burg mehrmals belagert, eingenommen und zerstört, zuletzt im November 1426.

INFOS IN KÜRZE

Gasthaus Noafer, Fam. Lamprecht-Lechner,
Glaning 37, Jenesien
Tel. 0471 266539
www.toerggelen-jenesien.com

Innen – u. a. in der schönen, alten getäfelten Stube und in der neuen Panoramaveranda – 80 Plätze, auf der Terrasse vor dem Haus 50

Geöffnet Ende Aug.–20. Juni, 10–18 Uhr, Di. Ruhetag

Im Herbst abends auf Vorbestellung

Von der Straße nach Jenesien nach 3,5 km links in einen Tunnel Richtung Glaning abbiegen und weitere 3,5 km fahren bis links die Zufahrt zum Noafer kommt.

18 Gruberhof, Vorderafing

Auf den Osthängen des Tschöggelbergs, die steil und bewaldet zum Sarntal abfallen, liegen auf kleinen Rodungsinseln und etwas flacheren Geländestücken die verstreuten Bauernhöfe von Vorderafing, darunter der Gruberhof auf 850 m. Nach Jahrzehnten des Stillstandes wurde er von Familie Burger zu neuem Leben erweckt.

Früher führte eine steile, gepflasterte Straße von Bozen nach Vorderafing, sie verlief hangquerend weiter nach Afing und senkte sich dann bei Bundschen ins Sarntal ab. Bis zum Bau der Talstraße war dies jahrhundertelang die einzige Verbindung der Sarner mit Bozen.

Beim Gruber machten die Fuhrleute und Säumer Halt, hier waren ein Gasthaus und eine Schmiede für Reparaturen an den Wagen. 1986 kaufte Ernst Burger, der selbst von einem Bauernhof stammt, den heruntergekommenen Gruberhof und wurde hier Bauer, 1987 eröffnete er den Buschenschank. Frau Erika, mit Unterlandler Wurzeln, waltet in der Küche und Sohn Gabriel, mit Kochausbildung, hilft natürlich auch im Haus mit.

Es gibt selbstverständlich alle traditionellen Gerichte, von Knödeln, Omeletten bis hin zu Schlutzkrapfen, aber wenn Erika bei Vorbestellungen freie Hand hat, tischt sie gerne Speisen mit mediterranem Einschlag auf. Dann mischen sich etwa unter die Vorspeisen Linsen, Sesam und Kichererbsen mit exotischen Gewürzen, verschiedene Bruschette (geröstete Brotscheiben) oder Teigtaschen mit Radicchio, Brennnesseln oder Kastanienfülle. Zur Törggelezeit geht es klassisch zu mit selbst gemachten Hauswürsten, Rippchen, gebackenen Blutwurstscheiben, saftigen Kalbshaxen, die bis zu vier Stunden im Rohr schmoren, dazu oder danach gibt es neuen Wein und Kastanien. Der Hof wird naturnah geführt, es werden neue, pilzwiderstandsfähige Reben angepflanzt, von denen der rote Regent, der Baron (ähnelt dem Blauburgunder) und der weiße, aromatische Solaris stammen. Auch der Müller-Thurgau gedeiht gut und liefert einen feinen, würzigen Weißen. Auf die Jausenbrettchen kommen selbst gemachter Speck, Käse und Würste.

WANDERUNG ZUM GRUBERHOF

Von Jenesien führt ein bequemer Wanderweg zum Gruber. Gegenüber der Kirche verläuft Weg Nr. 3A zunächst an der Schule vorbei durch Wiesen, taucht in den Wald ein und geht nun zuerst steil bergab, dann in fast ebener Hangquerung durch schönen Mischwald zur Afinger Straße und zum Buschenschank Gruber. Anfahrt nach Jenesien mit Seilbahn oder Bus 156 möglich, Bushaltestelle für die Rückfahrt direkt vor dem Gruberhof (Bus 156).

1 h, 3 km, 250 Höhenmeter im Abstieg

INFOS IN KÜRZE

Gruberhof, Familie Burger, Afinger Weg 18, Afing
Tel. 0471 354001
www.gruberhof.it

In der gemütlichen Bauernstube 55, im Freien 30 Plätze
Geöffnet Mitte Sept.-Weihnachten, Mo. Ruhetag, Ostern-Pfingsten von Do.-So.
2 Ferienwohnungen

Von der Straße Bozen-Jenesien zweigt nach etwa 6,5 km rechts die Straße nach Afing ab; nach weiteren knapp 3 km liegt der Gruberhof rechts am Weg.

19 Steidlerhof, Bozen/ St. Magdalena

Die steilen Hänge nordöstlich von Bozen sind in bis zu 800 m Meereshöhe mit einem dichten Rebenkleid überzogen; es ist eine der besten Weinlagen Südtirols, das Magdalena-Kirchlein gibt der Lage ihren Namen. Am Steilhang liegt in traumhafter Aussichtsposition der Steidlerhof, nach Südwesten geht der Blick über die Stadt und den Talkessel von Bozen bis ins Überetsch und zum Gebirgszug der Mendel, im Osten blickt der Rosengarten herüber.

Das Haus liegt an der alten, sehr steilen Auffahrt nach Obermagdalena und auf den Ritten. Auch die in den 1960er-Jahren aufgelassene Zahnradbahn, deren ehemalige Trasse noch gut erkennbar ist, führte am Hof vorbei. Das Gebiet um den Magdalener Hügel ist sicher seit Urzeiten besiedelt, 1462 wird ein Conradt Jäger als

INFOS IN KÜRZE

Steidlerhof, Fam. Gasser, Obermagdalena 1, Bozen
Tel. 0471 973196
www.steidlerhof.bz

Innen 70, draußen 40 Plätze
Geöffnet Mitte März–Anfang Juni, Do.–So. ab 11 Uhr; Mitte Sept.–Anfang Dez., Mi. und Do. ab 17 Uhr, Fr.–So. ab 11 Uhr, Mo. und Di. Ruhetag
2 Ferienwohnungen

Von Bozen-Zentrum Richtung Ritten. Im Stadtteil Rentsch links Richtung St. Magdalena abbiegen und 550 m hinauf zu einem kleinen Sattel fahren, dort rechts ab und knapp 200 m steil bergauf zum Steidlerhof.

Inhaber des Steidlerhofes auf Platzöll, „Kirchbropst bei der S. Maria Magdalena Cappellen" urkundlich erwähnt. Der Hof, wie er sich jetzt präsentiert, ist das Ergebnis neuerer Umbauten, auf der Südseite wurde viel Platz für die Terrasse mit ihrer fantastischen Aussicht und den Kinderspielplatz gewonnen. Die üppige südliche Vegetation mit Oliven, Palmen, Zypressen, Oleander, Granatapfel-, Lorbeer- und Zürgelbäumen bezeugt das außergewöhnliche Klima, das hier herrscht und das – neben der sorgfältigen Pflege und Kelterung – mit für die Spitzenweine verantwortlich ist.

Zum klassischen Magdalener kommen ein Rosen- und ein Goldmuskateller, ein Sauvignon und ein kräftiger, samtiger Lagrein in den Ausschank, außerdem ein süßer Passito. Das Speisenangebot ist ganz traditionell: Brotzeiten mit Speck, Kaminwurzen, Käse, weiter Rippchen mit Röstkartoffeln, allerlei Knödel, Erdäpfelblattln mit Kraut, Gulaschsuppe, Saures Rindfleisch und saure „Schwartlen" (weich gekochte Speckschwarten) außerdem Omeletts, Apfelstrudel und Kuchen. Gegen den Durst gibt es Säfte, darunter einen Ananas-Salbei-Saft. Im Herbst tischen Claudia und Rudi Gasser Schlachtplatten, Hauswurst mit Kraut, gebratene Kastanien und Nuien (neuen Wein) auf.

WANDERUNG ZUM STEIDLERHOF

Die Oswaldpromenade quert den Berghang im Nordosten Bozens und führt, teilweise über Holzbrücken, an Felswänden entlang. Sie geht von der St.-Anton-Brücke bis ins Weindorf St. Magdalena, wo sie kurz unterhalb des Steidlerhofs endet – den Ausgangspunkt erreicht man über die Wassermauerpromenade ab der Talferbrücke im Zentrum Bozens. Unterwegs laden Bänke zum Verweilen ein, der Ausblick auf die Dächer von Bozen, den Talkessel und die Dolomiten ist beeindruckend. Von St. Magdalena steigt man steil, aber kurz nach Rentsch ab, von wo die Rückkehr ins Zentrum mit Bus Nr. 8 möglich ist.

1 h 40 min, 5,3 km, 190 Höhenmeter (ab Talferbrücke über Steidlerhof)

20 Grafhof, Kampenn

Der Bozner Talkessel wird im Südosten von einem dunklen, bewaldeten Buckelberg begrenzt, dem Kohlerer Berg. An dessen Flanken liegen auf den wenigen, nicht ganz so abschüssigen Rodungsflächen Weinberge und die Bauernhöfe des Weilers Kampenn, eine kleine Wehrburg und ein Kirchlein. Einer dieser Weinhöfe ist der Graf, ein gemütlicher Buschenschank.

Der Bauernhof blickt auf eine lange Geschichte zurück, bereits 1340 wurde er urkundlich erwähnt. Nein, auf dem Bauernhof wohnen keine Grafen, er wird von der Familie Staffler bewirtschaftet, ihre Vorfahren kamen 1847 aus Siffian vom gegenüberliegenden Ritten auf den Hof. Auf 550 m gelegen, bietet er einen prächtigen Ausblick auf den Bozner Talkessel mit der Mendel als Abschluss, gegen Osten lugen die Dolomiten über das Eisacktaler Mittelgebirge hervor. Für den Buschenschank werden aus hofeigenen Weinbergen Müller-Thurgau und Vernatsch gekeltert und den Gästen kredenzt. Bauer Gregor kümmert sich um die Landwirtschaft, Frau Andrea und Seniorchefin Margareth bewirten die Gäste mit traditionellen bäuerlichen Gerichten.

Je nach Jahreszeit ändert sich das Angebot, im Frühjahr gibt es mit Spargelgerichten, Schupfnudeln, Salaten und Gemüse leichtere Kost als im Herbst, wo die Klassiker der Törggelezeit serviert werden: Schlachtplatten mit Surfleisch, Hauswürsten und Kraut, dazu die besonders geschätzten Rippchen vom Rohr. Als süßen Abschluss gibt es „Knieküchl", runde, gebackene Hefeküchlein, in deren Vertiefung ein Klecks Preiselbeermarmelade gehört. Oder die Kastanientorte, die nur aus Kastanienmehl besteht und mit Sahne gefüllt ist!

BURG KAMPENN UND KIRCHLEIN ZUR HEILIGEN FAMILIE

Wenige Hundert Meter vom Grafhof entfernt liegt die kleine, von einer Mauer umgegürtete Burg Kampenn aus dem 13. Jh.; sie war einst im Besitz der Benediktinerinnenabtei Sonnenburg im Pustertal und bewachte den Eingang ins Eggental. Heute ist die Burg in Privatbesitz und kann nicht besichtigt werden.
Wohlhabende Bozner Bürger besaßen in Kampenn ein Sommerhaus. Weil es dort noch keine Kirche gab, ließen sie 1775 kurzerhand eine bauen. Das zierliche Kirchlein ist den Eltern Mariens, den Heiligen Joachim und Anna, geweiht und mit Werken des schlesischen Malers Carl Henrici geschmückt, der damals in Bozen lebte und arbeitete und hohes Ansehen genoss. Es ist ein einzigartiges Zeugnis spätbarocker Kunst im Bozner Raum.

INFOS IN KÜRZE

Buschenschank Grafhof,
Fam. Staffler,
Kampenn 14, Bozen
Tel. 0471 365102
www.buschenschankgrafhof.it

Innen 50 Plätze
Geöffnet März–Mai Fr., Sa. und So.; Okt.–Mitte Dez., Mo. Ruhetag, Di. erst ab 17 Uhr geöffnet
Vorbestellung erwünscht

Vom Kreisverkehr in der Innsbrucker Straße in Bozen, nahe der Talstation der Seilbahn Kohlern, Richtung Kampenn bzw. Kohlern abbiegen. Dann 2,6 km bergauf fahren, bis rechts die beschilderte Zufahrt zum Graf abzweigt. Dann sind es nur mehr rund 200 m bis zum Hof.

21 Steffelehof, Kaltern

Kaltern und der Kalterer See sind untrennbar mit dem Wein verbunden, vom See bis zum Fuße der Mendel ziehen sich die Reben hin, darin eingebettet liegt Kaltern. Um den Dorfkern scharen sich die Ortsteile St. Anton, Mitterdorf und das am höchsten gelegene St. Nikolaus. Dort, mitten im Dörfchen, liegt gleich unterhalb der gotischen Kirche mit den zwei Kirchtürmen unser Ziel, der Luggin-Steffelehof.

Hermann Luggin ist mit ganzer Seele Bauer; wenn er von seiner Arbeit in Weinberg und Keller oder vom Schnapsbrennen und vom Bauernmarkt erzählt, spürt man seine Begeisterung – er liebt es, Neues auszuprobieren und Gutes zu schaffen. So war er einer der Ersten im Überetsch, die ungeachtet zahlreicher Widerstände und anfangs auch trotz einiger Rückschläge auf biologische Landwirtschaft umgestiegen sind. Die krankheitsanfälligen Vernatschreben wurden durch neue, pilzwiderstandsfähige Rebsorten, die ohne chemische Keule auskommen, ersetzt. Deshalb finden wir auf dem Steffelehof nicht die üblichen Weinsorten, sondern den vernatschähnlichen „Mont Vin", einen unkomplizierten Essensbegleiter, oder den kräftigeren und dunkleren Lavardi. Bei den Weißen besticht eine fruchtige Cuvée aus Weißburgunder und Gewürztraminer. In der Küche steht neben Margit Luggin auch Sohn Andreas, ein begeisterter Koch, an den Kochtöpfen.

Das Speisenangebot richtet sich nach der Jahreszeit und der Verfügbarkeit von eigenen Gewürzen und eigenem Gemüse aus dem Garten. So gibt es Suppen, Salate, mehrere Arten von Knödeln, Teigtaschen und Schlutzer, etwa mit Bärlauch aus eigenem Anbau.

Margit lässt auch Gerichte wie Pressknödel und Tirtlen aus ihrer Pusterer Heimat einfließen. Und natürlich gibt es manchmal auch Plent (Polenta) – das Kalterer Leibgericht, ein Plentenkessel ziert das Gemeindewappen – als Beilage zu den Fleischgerichten. Im Herbst werden die Törggelegerichte im Steffelepfandl aufgetischt: Knödel, Schweinernes und das beliebte Kesselfleisch, mit dem Dampf des Schnapsbrenners gegarter Schweinenacken (Schopf). Dazu gibt es selbstverständlich Kastanien, Kastanienkrapfen und „Sußer“. Sehr schmackhaft sind das selbst gebackene Brot, die hausgemachten Kuchen und Torten, der Kirschstrudel, das Himbeereis und die verschiedenen Säfte.

ZU FUSS ZUM STEFFELEHOF

Vom Kalterer Dorfzentrum, Parkplatz Rottenburgerplatz, geht es über die Maria-Theresien-Straße und den Mühlenweg vorbei am Kellereiansitz der Grafen Khuenburg und der gotischen Katharinakirche hinauf zum Major-von-Morandell-Platz in Mitterdorf; dann weiter über Strengen, alte Bauernhöfe, Ansitze und Wohnhäuser streifend und durch Weinberge, immer leicht bergauf nach St. Nikolaus zum Buschenschank. Rückfahrt mit dem Citybus oder Bus 132.

30 min, 1,3 km, 125 Höhenmeter (nur Hinweg)

INFOS IN KÜRZE

Luggin-Steffelehof,
Fam. Luggin,
Heppenheimer Straße 11,
St. Nikolaus/Kaltern
Tel. 0471 963608 und 339 6862509
www.luggin-steffelehof.com
Innen 30 Plätze, im Garten 30
Geöffnet Mitte März–Mitte Dez. von 17–23 Uhr, Mo.–Mi. Ruhetag, im Juli und Aug. Do.–Sa. Ruhetag
Vorbestellung empfehlenswert, Ab-Hof-Verkauf

Von Eppan kommend, am Kreisverkehr an der nördlichen Dorfeinfahrt von Kaltern rechts die Straße Richtung Mitterdorf bzw. Prey/Klavenz nehmen. Nach 400 m zweigt rechts die kleine Straße Richtung Klavenz ab, auf dieser immer bergauf, zuletzt auf dem Vialweg Richtung St. Nikolaus. Am Dorfeingang parken und zu Fuß zum Buschenschank. Der Hof ist zudem mit dem Citybus ab Kaltern und dem Linienbus 132 ab Bozen erreichbar.

22 Lenzenhof, Kurtatsch/Graun

Vom Talboden im südlichen Unterland aus ist vom Weiler Graun nichts zu sehen oder zu erahnen. Doch auf halber Höhe, zwischen dem Rebengürtel bei Tramin und dem Mendelkamm, breitet sich eine kleine Geländeterrasse aus, mit Wiesen, den letzten Weinreben, einem Kirchlein, ein paar Häusern und wenigen verstreuten Bauernhöfen. An der Kante, mit tollem Blick auf das Unterland und den Kalterer See, befindet sich der Buschenschank Lenzenhof.

Der Lenzenhof liegt auf 850 m und damit an der Grenze des Weinbaus. Seit 1994 gibt es den Buschenschank. Frau Frieda hat hier „die Hosen an" und sorgt dafür, dass gute, herzhafte Hausmannskost auf den Tisch kommt.

Auf der Speisekarte stehen Klassiker wie Omeletten und Schmarrn mit hausgemachter Himbeer- oder Preiselbeermarmelade oder auch Käse, verschiedene Knödel und Nocken, Salate, Spiegeleier mit Speck und Röstkartoffeln, Jausenbrettchen mit Speck, hausgemachter, luftgetrockneter Salami, Käse, gekochtem Hausschinken, selbst gebackenem Brot, zum Nachtisch gibt es Apfelstrudel. Im Herbst kommen die deftigen Törggelegerichte hinzu sowie gebratene Kastanien, süßer Most und neuer Wein. An Sonn- und Feiertagen ist die Karte umfangreicher. Gegen den Durst gibt es den selbst gekelterten Müller-Thurgau und den Vernatsch, außerdem selbst gepressten Apfelsaft und andere Säfte.

RUNDWANDERUNG VON TRAMIN ZUM LENZENHOF

Wir starten in Tramin, gehen zum Hügelkirchlein St. Jakob in Kastelaz, folgen dem Steig durch Buschwald über die Kastelazpromenade zu einem Forstweg und biegen bald rechts in einen Steig (Wegweiser Nr. 6, Kaltbrunn, Schwarzer Kopf) ein, der im Zickzack durch Buschwald stramm bergauf geht. Nach 1 Stunde 20 Minuten Gehzeit ab Tramin sind wir bei der Zogglerwiese angelangt, einer Freizeiteinrichtung mit Holzhaus, Sportplatz, Teich, Brunnen, Tisch und Bank. Markierung Nr. 4 begleitet uns weiter durch Buchenwald in einer Dreiviertelstunde nach Graun zum Buschenschank Lenzenhof (850 m). Von den Tischen vor dem Haus genießen wir ein wunderbares Panorama. Weiter auf Weg Nr. 9 durch schöne Wiesen ins Dörfchen Graun (800 m) zum Kirchhügel mit der St.-Georgs-Kirche und weiter bis zum Aussichtspunkt Sitzkofel (Wegweiser Lochweg, Sitzkofel, Kalkbrennofen, Nr. 5A), mit unglaublicher Fernsicht. Nun über den Lochweg nach Tramin zurück.

3½ h, 9,7 km, 600 Höhenmeter

INFOS IN KÜRZE

Buschenschank Lenzenhof, Fam. Wieser-Spinell, Indermauerstr. 46, Kurtatsch
Tel. 0471 880299
www.buschenschank-lenzenhof.com

In der Stube 30, im Garten 50 Plätze

Geöffnet März–Nov. 10–20 Uhr, Mi. Ruhetag, in den ersten zwei Juliwochen geschlossen

Von Kurtatsch an der Weinstraße 6,8 km bergauf der Beschilderung Richtung Graun folgen, den Weiler passieren und bis an das Ende der Straße beim Lenzenhof fahren.

23 Planitzer, Montan/Glen

Eingebettet in die Obst- und Weinlandschaft an den Osthängen des Etschtals oberhalb von Neumarkt liegt die kleine Ortschaft Glen. Es ist eines der besten Weinanbaugebiete Südtirols, hier gedeihen die Trauben für herausragende Weine. In dieser klimatisch begünstigten Lage wurde im Frühjahr 2014 der stilvolle Buschenschank Planitzer eröffnet.

Der Buschenschank ist Teil eines alten Weinhofs, der auf eine wechselvolle Geschichte zurückblickt. Einst war er dem Nonnenkloster von Sonnenburg bei Bruneck zinspflichtig, viele Besitzer lösten einander ab, er wurde vererbt und aufgeteilt, bis ihn die Familie Ainhauser Weissensteiner übernahm. Im Buschenschank arbeitet die ganze Familie mit: In der Küche steht Mutter Doris, Bäuerin und gelernte Köchin, unterstützt wird sie von ihrer Tochter Judith, die unter der Woche einem Beruf nachgeht.

HANS-KLOCKER-ALTAR IN PINZON

Kulturbewusste sollten sich den berühmten gotischen Flügelaltar von Hans Klocker in der nahen Stephanskirche in Pinzon ansehen. Er gilt als einer der fünf schönsten Flügelaltäre Tirols und kann nach telefonischer Voranmeldung besichtigt werden. Infos: Pfarrer Markart, Tel. 0471 820181

Auf den Tisch kommen bäuerliche Gerichte, die, wenn möglich, aus heimischen Produkten zubereitet werden: Speck, Kaminwurzen und Käse, Spiegeleier mit Speck und Röstkartoffeln, Saures Rindfleisch, verschiedene Knödel und Nocken, Kaiserschmarrn (nach dem Originalrezept mit Rosinen). Fleisch, Milchprodukte, Eier, Gemüse und Obst kommen von Bauern aus der Umgebung. Je nach Jahreszeit werden verschiedene Suppen, im Herbst etwa Kürbiscreme-, Kartoffel-, Lauch- oder Gerstensuppe serviert, auf Bestellung gibt es Rindsbraten oder Lamm vom Rohr. Zur Törggelezeit kommen die Schlachtplatten mit Surfleisch, Haus- und Blutwürsten und Rippchen vom Rohr auf den Tisch. Die hervorragenden Weine (eine Cuvée aus Weißburgunder, Gewürztraminer und Sauvignon), weiter Blauburgunder und Vernatsch werden aus den eigenen Trauben gekeltert. Die Säfte sind hausgemacht. Judith ist fürs Süße zuständig: Buchweizenroulade mit Preiselbeersahne, Weintorte, Käsekuchen, Apfelstrudel und Bauernkrapfen.

UNTERWEGS AUF DER ALTEN FLEIMSTAL-BAHNTRASSE

Wanderern, die es nicht anstrengend wollen, und Radfahrern bieten sich einfache Touren vom Planitzer aus an. Er liegt gleich oberhalb der ehemaligen Trasse der Fleimstalbahn von Auer ins Fleimstal, die im Ersten Weltkrieg als Nachschubstrecke an die Dolomitenfront diente. Auch Teilstrecken etwa ab Castelfeder sind möglich.

INFOS IN KÜRZE

Buschenschank Planitzer, Fam. Ainhauser Weissensteiner, Glen 25, Montan
Tel. 0471 819407
www.planitzer.it

80 Plätze auf der großen Panoramaterrasse, 60 in zwei Stuben

Geöffnet März–Mai und Sept.–Mitte Dez. jeweils Do.–So. ab 12 Uhr (Reservierung empfehlenswert), am Sonntagabend geschlossen, behindertengerecht

Abends auf Vorbestellung

Ab Neumarkt bzw. ab Auer auf der Fleimstaler Straße SS 48 nach Montan, dort rechts ab und weiter bis Glen (2,4 km).

24 Baumannhof, Ritten/Signat

Die Südhänge des Rittens sind, wo sie in das Bozner Talbecken auslaufen, dicht mit schönsten Rebanlagen überzogen. Dort, um die Weiler St. Magdalena, St. Justina, Leitach und Signat breiten sich vorzügliche Weinlagen aus: Von hier stammen einige der erstklassigen Weine, die Südtirols Ruf als Weinland begründen. Inmitten von Weinbergen, auf einem kleinen Geländebuckel, liegt auf 650 m der Baumannhof.

Eigentlich gehen die Gäste nicht zum Baumannhof, sie gehen einfach zur Mali. Der Hof ist weder besonders groß, noch besonders alt (auch wenn er aus dem 17. Jh. stammt). Den Mehrwert macht Amalie Höller, die Bäuerin vom Baumannhof aus, von allen einfach nur Mali genannt. Sie ist ein weitum bekanntes Original, ein wahres Energiebündel, das Optimismus und Lebensfreude ausstrahlt. Mali ist zu Gast bei Kochshows und Fernsehsendungen, manche bezeichnen sie als Südtirols berühmteste Buschenschankköchin und -wirtin. Ein von ihr geschriebenes Kochbuch über die Bauernküche ist ein Bestseller. Auf youtube (Suchwort Mali Höller) finden sich mehrere vergnügliche Videos über Malis Kochkünste. Eine offizielle Speisekarte gibt es keine: „Ich bin die Speisekarte", sagt die sympathische Bäuerin und zählt die verschiedenen Gerichte auf.

Es gibt Knödel, Schlutzkrapfen, Hauswurst mit Kraut, Rippchen und im Herbst natürlich die Schlachtplatte mit allerlei vom Schwein, weiter Jausen mit Speck, Kaminwurst und Käse. Bekannt sind Malis Schlutzkrapfen, unkonventionell mit dem „Krapfenradl" (ein Teigrad mit Stiel) ähnlich wie Ravioli hergestellt, anstatt halbmondförmig sind sie quadratisch und mit gezahntem Rand. Als Nachspeise gibt es oft Strauben, Apfelküchlein, Kompott aus kleinen ganzen Birnen, den „Grummetbirnen", Krapfen mit „Kloazen"-Fülle, ein Mus aus getrockneten Birnen. Von weit her kommen Feinschmecker wegen des „Tscheagls": das sind geröstete Blutwurstscheiben mit Sauerkraut und Röstkartoffeln. Gegen den Durst gibt es, von Sohn Georg gekeltert, einen weißen Müller-Thurgau oder Weißburgunder und einen roten Vernatsch. Der Holundersirup ist hausgemacht, der Apfelsaft kommt von einem Nachbarn.

WANDERUNG ZUM BAUMANNHOF

Von der Rittner Straße zweigt gleich oberhalb des Hotels Unterinnerhof – diese Kreuzung nennen die Einheimischen „Plattnerkreuz" – eine schmale, wenig befahrene und fast ebene Straße ab. Hier Parkplatz und Bushaltestelle (Bus 165). Dieser folgen wir (Markierung 31), bis wir nach einer knappen halben Stunde auf die Signater Straße treffen. Auf der geht es links bergab, nach 20 Minuten erreichen wir den Baumannhof. Rückweg wie Hinweg oder ungefähr gleich lang und gleich weit auf der Straße und dann auf einem alten Weg (Nr. 5) steil hinunter nach Rentsch zur Haltestelle von Stadtbus Nr. 8 (360 Höhenmeter im Abstieg).

50 Minuten, 2,4 km, 120 Höhenmeter im Abstieg (nur Hinweg)

INFOS IN KÜRZE

Buschenschank Baumannhof,
Fam. Höller,
Oberleitach 6a,
Ritten/Signat
Tel. 0471 365206
www.baumannhof-bz.it

Innen 40, außen 20 Plätze
Juli und August geschlossen, im Herbst täglich geöffnet, im Frühjahr nur gegen Voranmeldung
6 Zimmer in der familieneigenen Pension

Auf der Rittner Straße ab Bozen-Rentsch 2 km bergauf, dann links Richtung Signat abbiegen, nach knapp 2 km liegt der Baumannhof auf der rechten Seite.

25 Loosmannhof, Ritten/Signat

An der Südflanke des Rittens, die steil zum Bozner Talkessel abfällt, liegt der Loosmann; und zwar auf einer Rodungsinsel in 680 m Höhe oberhalb von zusammenhängenden Rebflächen, die sich von St. Justina bis zum Talgrund hinziehen. Wer den Weg zu dieser alten, von Weinbergen und Laubwald umgebenen Hofstelle gefunden hat, ist von der tollen Aussicht auf den Bozner Talkessel überwältigt.

Auf dem Hof herrscht Arbeitsteilung: Sepp ist Bauer und kümmert sich um die Landwirtschaft, 3 Hektar Weinberg machen gehörig Arbeit, Vernatsch-, Zweigelt- und Blauburgundertrauben ergeben einen süffigen Rotwein, jene von Müller-Thurgau und Weißburgunder einen aromatischen Weißen. Junior Simon, der die Nachfolge

WANDERUNG VON WOLFSGRUBEN NACH BOZEN

Am Loosmannhof führt der Weg vorbei, der Wolfsgruben mit Bozen verbindet. Zum Ausgangspunkt fahren Sie am besten mit der Seilbahn von Bozen nach Oberbozen und mit der Rittner Schmalspurbahn bis Wolfsgruben. Nun auf Weg Nr. 5 immer bergab bis zum Loosmannhof (ca. 80 Minuten). Danach verläuft der Weg immer wieder auf asphaltierten Abschnitten bis hinunter in den Bozner Stadtteil Rentsch (Haltestelle von Stadtbus 8 an der Einmündung der Rittner Straße).

2 h, 7 km, 900 Höhenmeter im Abstieg

als Bauer antreten soll, schaut dem Vater beim Weinmachen über die Schulter und bringt das in der Landwirtschaftsschule Gelernte mit ein, auch die neue Kellertechnik mit Stahltanks sorgt für gute Qualität. Die Küche ist das Reich von Frau Martha. Bei schönem Wetter sitzen die Gäste auf dem breiten Balkon oder im Garten, wenn es kühler wird, in einer der beiden gemütlichen Stuben.

Auf den Tisch kommt ehrliche bäuerliche Hausmannskost: Gerstensuppe, Speck-, Käse- und Spinatknödel, Rippelen, selbst gemachte Hauswürste. Als Nachtisch gibt es gelegentlich Kuchen und Torten, in der entsprechenden Jahreszeit einen Obstblechkuchen oder die süßen Knieküchl aus Hefeteig. Im Herbst werden Kastanien gebraten, von denen genügend im Wald beim Haus wachsen. Durstlöscher sind Apfel-, Holunder- und Himbeersaft, im Herbst Süßmost und der neue Wein.

ZUR HOFGESCHICHTE

In alten Dokumenten findet sich der Name Laßmann oder Losmann, um 1320 wird „am Lazze" erwähnt, 1778 ein Lasmanguet (Quelle: Hannes Obermair). Heute verwendet die Besitzerfamilie Pircher den Namen Loosmann. Der Keller ist noch mit mächtigen Gewölben ausgestattet, hier stand bis ins vorige Jahrhundert eine große Torggl. Sie galt als eine der größten weit und breit und zeugte von der Bedeutung des Weinhofes.

INFOS IN KÜRZE

Buschenschank Loosmann, Fam. Pircher, Signat 177, Ritten
Tel. 0471 365551

50 Plätze in der alten Stube, 40 im Garten
Geöffnet im Frühjahr und Herbst bis Anfang Dez.
Vorbestellung empfohlen

Auf der Rittner Straße bei Justina nach links in Richtung Signat abbiegen, der schmalen, asphaltierten Straße folgen, abermals links (Hinweisschild) abbiegen und 900 m auf der Hofzufahrt bis zum Parkplatz vom Loosmann fahren.

26 Ebnicherhof, Ritten/Oberbozen

Der Ritten ist der Hausberg der Bozner, an seinem Südhang breitet sich eine besondere Natur- und Kulturlandschaft aus mit Wiesen und Feldern, Kastanienhainen sowie Buschwald auf den trockenen, von rot-violettem Porphyrfels durchsetzten steilen Hängen. Die Erdpyramiden im Katzenbach unterhalb von Oberbozen sind eine geologische Attraktion. Auf 832 m befindet sich der Ebnicherhof auf einer – wie der Name schon anklingen lässt – ebenen Geländeterrasse.

Der Bauernhof beeindruckt durch seine außergewöhnliche Lage mit einmaligem Ausblick auf das Rosengartenmassiv, den Bozner Talkessel, das Überetsch und die Berge der Mendelgruppe. Seit nunmehr knapp zwei Jahrhunderten wird der Bauernhof von der Familie

INFOS IN KÜRZE

Ebnicherhof, Fam. Tauferer, Am Grumeregg 6, Ritten/Oberbozen Tel. 0471 978264 und 333 2305850

35 Plätze in der Stube, 40 auf der Terrasse
Geöffnet Mitte Sept.–Mitte Dez., Di. Ruhetag; 6. Jan.–Mitte Mai Do.–So.
Abends und für Gruppen Vormerkung erbeten.
Ab-Hof-Verkauf

Die Anfahrt ab Bozen Zentrum über Bozen-St. Magdalena ist ziemlich abenteuerlich: schmal und sehr steil (28 % Steigung), ca. 5 km. Von Oberbozen führt eine gute Straße über Maria Himmelfahrt zum Ebnicher, das Befahren dieser Straße ist für die Hausgäste erlaubt (ab Oberbozen 5,6 km)

Tauferer bewirtschaftet, die Hänge oberhalb von St. Magdalena sind ein ideales Anbaugebiet für Sorten, die in diesen Höhenlagen prächtig gedeihen: der weiße Kerner, der Weißburgunder, der Müller-Thurgau und der Blauburgunder, auch der süffige Vernatsch ist sortentypisch, eine Spezialität ist der Vernatsch-Rosé. Unter der Mithilfe aller Familienmitglieder werden auf dem Hof Viehwirtschaft, Weinbau, eine Hofkellerei, ein Buschenschank und ein kleiner Hofladen – Jungbäuerin Elisabeth bietet hier Marmeladen und Sirupe an – betrieben.

Der Hof ist insbesondere zur Törggelezeit im Herbst ein beliebtes Ausflugsziel; da werden den Gästen viele eigene Produkte serviert: Kartoffeln, Kohl, Salate und Gemüse kommen vom nahen Feld, der Speck vom Hausschwein, Käse von einer Alm im Vinschgau. Außerdem gibt es Kaminwurzen, Knödeltris, Gerstensuppe, Hauswurst mit Kraut, einen faschierten Braten, Rippelen mit Erdäpfeln, Kuchen und Krapfen – auf Vorbestellung Schlutzer sowie Schlachtplatten. Den Durst löschen hausgemachte Säfte und die hervorragenden Eigenbauweine, die in Flaschen abgefüllt oder offen in Krügen serviert werden – sie sind der ganze Stolz des Juniors Andreas.

WANDERUNG ZUM EBNICHERHOF

Der Ebnicher liegt am beliebten Keschtnweg („Keschtn" sind im Südtiroler Dialekt die Esskastanien), ein Weitwanderweg, der sich hangquerend von Vahrn bei Brixen bis in den Bozner Talkessel erstreckt. Was liegt also näher, als ein Teilstück dieses Weges zu erwandern? Von Schloss Runkelstein in Bozen (hierher Stadtbus 12 bzw. 14) geht es auf dem Keschtnweg in etwa 2 Stunden zum Ebnicher (4,5 km). Von dort entweder steiler Abstieg auf Weg 6 über St. Magdalena nach Bozen (Variante 1) oder Aufstieg nach Oberbozen und Rückfahrt nach Bozen mit der Seilbahn (Variante 2).

Variante 1: 3 h, 8 km, 550 Höhenmeter im Anstieg und 600 m im Abstieg

Variante 2: 3½ h, 8,5 km, 940 Höhenmeter im Anstieg

27 Steinmann, Ritten/Wangen

Im vorderen, schluchtartigen Teil des Sarntals, wo die Felsen der Rittner und Jenesier Talflanke eng zusammenrücken und dem Talferbach und der Straße kaum Platz lassen, ragt unvermittelt in der schmalen Talferschlucht der Johanniskofel empor – ein mächtiger Felsmonolith, auf dessen Spitze eine kleine Kirche steht. Daneben liegt der Steinmann, ein ursprünglicher Buschenschank, zu dem vom Talferbett aus ein wild-romantischer Weg führt.

Die Hofgeschichte vom Steinmann reicht bis in das frühe 16. Jh. zurück. Auf dem Hof und Buschenschank hilft die ganze Familie mit, um die Gäste bestens zu betreuen. Die schönsten Plätze im Bauerngasthaus sind die gemütliche getäfelte Stube und der Balkon, von wo sich ein herrlicher Ausblick über die zerklüftete Sarner Schlucht und die im Süden liegende Landeshauptstadt Bozen auftut.

INFOS IN KÜRZE

Buschenschank Steinmannhof, Fam. Winkler, Unterwangen 24, Ritten/Wangen
Tel. 0471 602042

30 Plätze in zwei Stübchen, 10 auf dem breiten Balkon
Geöffnet Okt.–Dez. und Mitte Jan.– Frühsommer, kein Ruhetag

Von Bozen Richtung Sarntal. Nach dem zweiten Tunnel Parkplatz und Bushaltestelle („Johanniskofel" von Bus 150 ins Sarntal, der etwa im Halbstundentakt verkehrt). Ab dort beschildert (siehe Wandertipp). Die lange Anfahrt über das Sarntal und Wangen ist umständlich und steil.

Der Herbst ist die Zeit für Hauswürste, Rippchen, Surfleisch, Knödel, gebratene Kastanien und neuen Wein, an Sonn- und Feiertagen gibt es Krapfen und Kuchen. Viel vom Gemüse kommt aus dem großen Garten neben dem Haus, der Speck und die Würste sind hausgemacht. Als Eigenbauweine werden ein süffiger roter Vernatsch, ein Müller-Thurgau und ein Weißburgunder kredenzt, sie passen bestens zu den guten Marenden und zu den Pellkartoffeln.

JOHANNESKIRCHLEIN

Vom Hof führt ein schmaler, ausgesetzter Steig in wenigen Minuten hinauf zum gotischen Kirchlein auf dem Johanniskofel (658 m) mit schwindelerregendem Tiefblick; den Schlüssel verwahren die Bauersleute vom Steinmannhof. Hier oben fand man Spuren aus der Steinzeit, ein Beweis für die frühe Besiedelung dieses geradezu magischen Orts. Von einer Burg, vermutlich aus dem 12. Jh., sind kümmerliche Mauerreste sichtbar. Das Kirchlein ist dem hl. Johannes dem Täufer gewidmet. Der einfache Altar zeigt in seinem Aufsatz ein kleines Bild: Es erzählt die Geschichte der Salome und der Enthauptung des Johannes. Während die Gesellschaft vergnügt tafelt, „serviert" Salome auf einem Tablett den Kopf des Johannes.

WANDERUNG ZUM STEINMANNHOF

Nach dem zweiten Tunnel der Straße ins Sarntal (Parkplatz und Bushaltestelle) zunächst auf der ehemaligen Sarntaler Straße (Schild: Johanniskofel) zu Fuß durch drei kurze Tunnel talauswärts, bis links ein gut markierter Steig zu einer Hängebrücke über die Talferschlucht führt. Dann beginnt der steile Aufstieg auf teilweise grob gepflastertem Weg. Nach etwa einer halben Stunde Wanderung durch eine Landschaft mit Schluchten, Buschwald und schroffen Felsen ist der Steinmannhof erreicht.

1 h, 1,8 km, 380 Höhenmeter (hin und retour)

28 Rielingerhof, Ritten/Siffian

Wir sind auf dem Ritten, an der Südostseite des Hochplateaus, in Siffian, unterwegs. Unser Ziel, der Weinhof Rielinger, liegt auf 750 m und schaut über das Eisacktal zum Schlern, auch ein Stück der Dolomiten, der Latemar, lugt am Horizont hinter den Wäldern hervor.

Der Hof, bereits 1551 als „Rüedingerhof" erwähnt, hat eine lange Geschichte, die eng mit der nahen Burg Stein verbunden ist. In den 1950er-Jahren erwarb der Großvater von Matthias Messner, dem heutigen Bauern, den heruntergekommenen und leer stehenden Hof und erweckte ihn zu neuem Leben. Vater Heindl Messner, der leutselige Altbauer, hat den guten Ruf des Rielingers als Buchenschank begründet, mittlerweile ist der Junior mit Frau Evi am Ruder und hat sich auf den Weinbau spezialisiert. Der Rielinger ist ein belieb-

RUINE STEIN

Von der einstigen Burg, die als Gerichts- und Verwaltungssitz diente, sind nur mehr Mauerreste übrig. In der ersten Hälfte des 13. Jh. erbaut, wurde sie im 17. Jh. verlassen und verfiel dann zur Ruine. Bekannt wurde die Burg auch deshalb, weil der damalige Schlossherr, Engelmar von Villanders, zugleich auch Landeshauptmann von Tirol, vor der Burg enthauptet wurde. Man bezichtigte ihn des Landesverrats, da er sich im Kampf zwischen den Luxenburgern und den Wittelsbachern hinter die falsche Partei stellte.

ter und insbesondere im Herbst, zur Törggelezeit, viel besuchter Buschenschank: An sonnigen Herbsttagen ist kaum noch ein Platz an den Tischen vor dem Haus zu ergattern.

Es gibt einfache Hausmannskost, an Sonn- und Feiertagen meist einen Braten. Das Schaf-, Rind- und Schweinefleisch kommt vom eigenen Bauernhof, die Frisch- und Selchwürste, Brot, Speck und Käse sind auch hausgemacht. Die Weine aus den Trauben von den eigenen Reben werden zur Gänze ab Hof verkauft oder an die Gäste ausgeschenkt. Matthias hat aus der Pfalz die Liebe zum Riesling mitgebracht, der es auf diesen mineralischen Böden zu beachtlicher Qualität bringt. Sehr zu empfehlen und charakteristisch sind der Kerner, der Müller-Thurgau und der Zweigelt; ein Rosé und ein Passito runden das Angebot ab.

WANDERUNG VON UNTERINN ZUM RIELINGER

Der Startpunkt unserer Wanderung ist in Unterinn, in der Nähe der Kirche. Die Wegweiser mit dem Symbol der Kastanie (Keschtnweg) führen uns durch eine Apfelanlage, in den Wald und zu den grauen Unterinner Erdpyramiden. Ein kurzer Abstecher bringt uns zu einer neu angelegten Aussichtsplattform. Nun schlängelt sich der Steig den Hang entlang zum Rielingerhof. Rückweg wie Hinweg.

2 h 45 min, 7,2 km, 232 Höhenmeter (hin und retour)

INFOS IN KÜRZE

Buschenschank Rielingerhof, Fam. Messner, Siffian, Ritten
Tel. 0471 356274
www.rielinger.it

Innen 40, außen 60 Plätze
Geöffnet März–Juni und Sept.–Dez., abends auf Vorbestellung, Mo. Ruhetag
Drei Ferienwohnungen
Ab-Hof-Verkauf

Von Bozen auf den Ritten. Bei der Abzweigung nach Oberbozen noch kurz geradeaus Richtung Klobenstein, dann bei einer Tankstelle rechts abbiegen Richtung Siffian und noch 4,8 km bis an das Ende der Stichstraße beim Rielinger in Siffian fahren.

29 Ebnerhof, Atzwang

Auf der rechten, steil abfallenden Talflanke im unteren Eisacktal, oberhalb von Atzwang, liegen auf einer von den Gletschern geschaffenen Geländeterrasse etliche Höfe. Obwohl sie fast am Eisack bzw. an der Brennerstraße liegen und nur vom Tal aus erreichbar sind, gehören sie dennoch zur Gemeinde Ritten. Einer dieser Höfe, der Ebnerhof, ist unser Ziel.

Der auf 507 m liegende Weinhof wird in der dritten Generation von der Familie Unterthiner bewirtschaftet. Ebenerdig ist der Buschenschank untergebracht, bei Schönwetter sitzt man im Freien, an der schützenden Hauswand und unter einer großen Weinpergola. Neben dem Haus steht die neue Kellerei. Seit 2013 werden die Trauben der 4,5 Hektar Rebanlagen vom jungen Winzerpaar Florian und Brigitte auf dem Hof zu beachtlichen Weinen verarbeitet: Weißburgunder, Sauvignon, Gewürztraminer, Zweigelt, Vernatsch und Blauburgunder. Brigitte stammt von einem Buschenschank in Völser Aicha und bringt die dort gewonnene Erfahrung auf dem Ebnerhof ein, ihre Ausbildung als Konditorin zeigt sich in der Qualität der Nachspeisen!

Vieles auf dem Ebnerhof ist hausgemacht, wie etwa der Speck, die Kaminwurzen, die Haus- und Blutwürste und die diversen Säfte wie Holunder-, Himbeer-, Johannisbeer- und Erdbeersaft. Auch die Kartoffeln und ein Großteil des Gemüses stammen vom eigenen Feld. Auf der Karte stehen Knödel aller Art, Suppe, Rippchen, Kaninchenbraten, Kürbis-, Schüttelbrot- oder Kartoffelteigtaschen, im Herbst und Winter „geselchter" Schopf (Schweinekamm) und sonntags Kastanienherzen. Außerhalb der Wochenenden und in der Törggelesaison ist Vorbestellung angeraten, weil Keller und Weinberg viel Arbeit machen.

WANDERUNG ZUM EBNERHOF

Ausgangspunkt ist der Parkplatz nahe dem Gasthof Post in Atzwang. Anfahrt ab Bozen oder Brixen auch mit Bus 301 möglich. Von dort geht es erst kurz Richtung Süden an der Feuerwehrhalle vorbei auf der ehemaligen Brennerstraße am rechten Eisackufer bis zu einem Bildstock. Dort rechts abbiegen und über den Kirchsteig zum Ebnerhof wandern.

ca. 40 min, 1,7 km, 180 Höhenmeter

DER RETTENDE KAUF

Der Großvater des jetzigen Bauern war eines von 13 Kindern einer deutschsprachigen Familie. In den 1930er-Jahren musste er in der Ferne beim ungeliebten italienischen Heer Dienst leisten. Der Bursche tat seiner Mutter so leid, dass sie mithilfe aller Familienmitglieder eine Anzahlung für den Kauf des leerstehenden und heruntergekommenen Ebnerhofs leistete. Daraufhin durfte der Bursche – jetzt frischgebackener Bauer und laut damaliger Gesetzeslage unabkömmlich – wieder zurück nach Südtirol.

INFOS IN KÜRZE

Buschenschank und Weingut Ebnerhof, Fam. Unterthiner, Atzwang 18, Ritten
Tel. 0471 353386
www.weingutebner.it

Innen 40, außen 20 Plätze

Geöffnet Mitte Feb.–Mitte Mai nur mittags am So.; Anfang Okt.–Mitte Dez. Mi.–Sa. abends und am So. mittags nur nach Vorbestellung

Weingut ganzjährig geöffnet

Von der Brennerstaatsstraße in Atzwang, nahe der Bushaltestelle, abbiegen (beschildert: Ebnerhof), dann dem Asphaltsträßchen etwa 2 km folgen, nach einer kleinen Holzbrücke links abbiegen und noch 500 m bis zum Buschenschank fahren. Der Ebner fällt aufgrund seines neuen, holzverkleideten Kellereianbaues auf.

30 Fronthof, Völser Aicha

Wo das Tierser Tal in das enge Eisacktal mündet, liegt rechter Hand auf dem Mittelgebirge die Streusiedlung Völser Aicha, ein klimatisch begünstigtes Fleckchen Erde. Auf dieser Höhe gedeihen noch Reben, gemütliche Buschenschänken laden zur Einkehr ein. Am südlichen Dorfrand schaut inmitten steiler Wiesen und Weinberge der Fronthof, ein stattlicher alter Bauernhof, über das Tierser Tal und Richtung Bozner Talkessel.

Die Siedlungsspuren in diesem Gebiet reichen bis in die Frühgeschichte zurück. Der Fronthof weist eine Bausubstanz auf, die auf das hohe Mittelalter zurückgeht; das Bauernhaus gilt als eines der größten aus der gotischen Zeit erhaltenen Südtirols und ist einheitlich aus Steinquadern errichtet, mit gewaltigen Sandsteinbögen und -pfeilern in den Kellerräumen. Auf 1 ha Weinberg wachsen Zweigelt, Sylvaner, Blauburgunder, Kerner, Weißburgunder und

INFOS IN KÜRZE

Fronthof,
Fam. Kompatscher,
Bühelweg 2,
Völs am Schlern
Tel. 0471 601091
www.fronthof.com

Innen 50, außen 30 Plätze
Geöffnet März–Mai So. mittags; Juli und Aug. Di.–Do. 12–22 Uhr; Sept. Mi. und Do. 12–22 Uhr, Fr. und Sa. nur mittags, Okt. und Nov. Mi.–So. 12–22 Uhr
Ferienwohnung (5 Pers.)
Reservierung erwünscht, Ab-Hof-Verkauf

Von der Eisacktaler Talstraße in Blumau zunächst Richtung Tiers und Schlerngebiet fahren, nach rund 2 km rechts abbiegen und bis Völser Aicha fahren; dort noch rund 500 m den Hinweisschildern bergab zum Hof folgen. Anfahrt ab Bozen auch mit Bus 170, dann 176 bis Völser Aicha möglich.

Sauvignon. Das Handwerk hat der Jungbauer Markus in der Landesweinbauschule Laimburg gelernt – mit Erfolg, wie die bei Weinverkostungen errungenen Auszeichnungen beweisen. Der Hof ist eine beliebte Adresse für das herbstliche Törggelen. In der großen holzgetäfelten Stube oder auf der Sonnenterrasse oberhalb des Hauses schmecken Spezialitäten der bäuerlichen Küche vorzüglich!

Auf der Speisekarte stehen Gerstensuppe, Schlutzer, Käse- und Speckknödel, Hauswurst mit Kraut, gebratene Rippchen, die Marendbrettlen, süße Krapfen und gebratene Kastanien, dazu die hausgemachten Säfte sowie die vorzüglichen Eigenbauweine. Das Rind- und Schweinefleisch stammt aus der eigenen Tierhaltung. Das Sauerkraut ist wie der Speck, die Hauswürste und die Kaminwurzen hausgemacht. Letztere werden übrigens auch im Ab-Hof-Verkauf angeboten. Im Frühjahr wird auf leichtere Küche mit Kräutern und Gemüse aus dem eigenen Garten und Spargeln umgestellt.

WANDERUNG ZUM FRONTHOF

Ausgangspunkt ist der Parkplatz von Schloss Prösels. Vorbei an Wirtshaus und Kirche schlagen wir Weg Nr. 5 ein. Bei einer Wegteilung gehen wir rechts (Nr. 5B) durch lichten Wald, erreichen die tiefer liegende Tierser Straße, überqueren sie, gehen auf Weg Nr. 7 ins Dörfchen Völser Aicha und von dort weiter zum Fronthof.
Der Rückweg führt zunächst zurück nach Völser Aicha, dann als Weg 6A weiter: Wir queren die Tierser Straße und wandern leicht bergab am Waldrand entlang retour nach Prösels.

2 h 10 min, 6,5 km, 340 Höhenmeter

SCHLOSS PRÖSELS

Die Erweiterung der ehemaligen Wehrburg zu einer prächtigen Schlossanlage wurde von Leonhard von Völs-Colonna (1458–1530) zu Beginn des 16. Jh. in Auftrag gegeben. Leonhard war Landeshauptmann von Tirol und ein persönlicher Freund Kaiser Maximilians I. Das Schloss ist von Anfang Mai bis Ende Oktober (außer samstags) im Rahmen von Führungen zu besichtigen. Info: Tel. 0471 601062, www.schloss-proesels.it

31 Reatlhof, Kollmann

Kollmann war einst ein wichtiger Ort an der alten Brennerstraße, hier war Rast- und Zollstation. Vor der Eröffnung des Fahrweges durch die enge Eisackschlucht im 15. Jh. verlief der gesamte Brennerverkehr über den Ritten und dann wieder nach Bozen hinab. Der Reatlhof liegt etwas versteckt zwischen den Häusern am oberen Ortsrand.

Der Weinbau hat hier eine lange Tradition, bereits 1386 wird der Hof als „Rötlein ob dem Kollmann" als Weinhof erwähnt. Heute kümmert sich Jungbauer Christoph Braun um den Hof, er versorgt die Rinder, die in Mutterkuhhaltung gehalten werden. Daneben gibt es auf dem Hof noch Schafe und Truthähne. Eigentlich ist Christoph gelernter Tischler, alles, was im Keller und in den Stuben aus Holz ist, hat er selbst gemacht. Nun gilt seine ganze Begeisterung dem Weinberg, aus dem die Trauben für den Müller-Thurgau und den

FRIEDBURG

Wer zum Reatl geht, dem fällt in Kollmann das rechteckige, zinnengekrönte, rot-weiß bemalte Gebäude der Friedburg auf. Es wurde 1483 von Herzog Sigismund als Zollhaus und Mauthaus am Anfang des ehemaligen Kunterswegs erbaut, der die Verbindung zwischen Brixen und Bozen deutlich verbesserte.

roten Vernatsch, den Blauburgunder und den Zweigelt kommen. Auch das Brotbacken gehört zu seinen Aufgaben. In der Küche ist Mama Maria die Chefin. Sie ist Autodidaktin, „aber wenn etwas Freude macht, gelingt es", meint sie. Wenn immer möglich, werden Produkte vom eigenen Hof verwendet: Rind-, Schaf-, Schweine- und Truthahnfleisch, auch das Gemüse kommt aus dem eigenen Garten.

Im Angebot sind Schwarzplentene Knödel mit Krautsalat, Schlutzkrapfen oder Teigtaschen mit verschiedenen Füllungen, Gerstensuppe, Erdäpfelblattln mit Kraut, Marendbrettln mit Speck, Käse und Pellkartoffeln. Die Saure Suppe ist weitum bekannt – „auch die Jungen haben sie wieder schätzen gelernt", meint Maria stolz. Im Herbst gibt es Schlachtplatte mit hausgemachten Würsten, Rippchen und Surfleisch. Die Kastanien kommen aus dem eigenen „Keschtnberg", auch der Apfel-, der Himbeer-, der Johannisbeer- und der Holundersaft sind selbst gemacht. Den obligaten Abschluss bilden die schmalen, halbmondförmigen Eisacktaler Krapfen, mit verschiedenen Marmeladen gefüllt.

VOM REATLHOF ZUR TROSTBURG

Vom Reatlhof geht der Blick zur gegenüberliegenden Talseite, wo am Eingang des Grödner Tals die beeindruckende Trostburg aufragt. Warum nicht die Einkehr beim Reatl mit einem Schlossbesuch verbinden? Von Kollmann geht es über den unterhalb der Brennerstraße verlaufenden Radweg nach Waidbruck und über den Schlossweg in 15 Minuten zur Burg. Rückweg wie Hinweg. Infos über Öffnungszeiten und Führungen: Theres Gröber, Tel. 0471 654401

1½ h, 4 km, 180 Höhenmeter (hin und retour)

INFOS IN KÜRZE

Reatlhof, Fam. Braun, Kirchweg 12, Kollmann/Barbian
Tel. 0471 654440 und 339 2902720
www.reatlhof.it

In den Bauernstuben 25, im Törggelekeller 45 Plätze
Geöffnet Ostern–Mitte Mai (Muttertag), Sa. ab 17 Uhr, So. ab 12 Uhr; Ende Sept.–Mitte Dez., Di.–Sa. ab 17 Uhr, So. ab 12 Uhr, Mo. Ruhetag

Von der Staatsstraße Bozen–Brixen in Kollmann neben dem Ganderbach auf dem Kuntersweg den Bach entlang bergauf, an der Metzgerei Trockner vorbei und kurz danach scharf links direkt zum Reatlhof, der zwischen anderen Häusern liegt.

32 Gostnerhof, Barbian

Etwas unterhalb des Dorfes Barbian, auf dem nach Südosten ausgerichteten Hang, liegt der Gostnerhof auf 680 m Höhe unterhalb der Landesstraße. Er blickt auf die gegenüberliegende Talseite zur beeindruckenden Trostburg, die den Eingang zum Grödner Tal und das Eisacktal bewacht.

Bis in diese Höhenlage wird noch Weinbau betrieben, aus den Weinbergen des Gostnerhofes kommen der weiße Müller-Thurgau, der rote Vernatsch, Zweigelt und der Blauburgunder. Auf dem Hof packt die ganze Familie an: Frau Marianne ist für die Küche zuständig, Bauer Alois und Sohn Markus sind in Feld, Weinberg und Stall tätig und

DER NEUE GOSTNERHOF

Der Gostner ist zwar eine alte Hofstelle, das Haus stammt aber aus den 1980er-Jahren. Das hat seinen Grund. Vor Jahrzehnten hat sich ein Vorbesitzer durch einen großen Stadelbau verschuldet, er wanderte daraufhin aus. Die Hofstätte wurde in der Zeit des Faschismus einem zugewanderten Italiener übergeben, der das „alte Gemäuer" durch einen einfachen Neubau ersetzte. Er konnte sich aber an die für ihn ungewohnte Umgebung nicht gewöhnen und verließ den Hof bald wieder. 1949 kaufte der Vater des jetzigen Besitzers das Anwesen, riss die „Baracke", wie er sagte, nieder und errichtete einen neuen Bauernhof.

zur Hochsaison auch in den Gaststuben engagiert, weitere Familienmitglieder helfen bei Bedarf, insbesondere im Herbst, aus.

Die Küche ist ganz der bäuerlichen Tradition verpflichtet: Es gibt Knödel und Nocken aller Art, im Frühjahr auch mit Brennnesseln, dazu Salat aus jungem Löwenzahn; weiter Käsenocken, Rindsbraten, Schöpsernen Bauernbraten, Erdäpfelblattln mit Kraut, Marendbrettchen mit Speck, Kaminwurzen, Käse, dazu selbst gebackenes Brot, Gerstensuppe oder Schlutzer, Schlachtplatte mit Hauswurst und Kraut. Als Nachspeise werden Apfelstrudel, Kuchen und Krapfen gereicht, dazu passen Säfte wie Himbeer-, Holunder- und Apfelsaft. Und natürlich die gebratenen Kastanien, für die Barbian berühmt ist.

WANDERUNG ZUM GOSTNERHOF

Wir starten in Kollmann am Ganderbach, gehen auf dem Kuntersweg kurz den Bach entlang bergauf, überqueren ihn, folgen dem Weg Nr. 5 in Richtung Barbian, kommen zur St.-Maria-Kapelle („Heilig Grab"), stoßen auf die Barbianer Straße, folgen ihr bergauf, überqueren sie nach der Kehre und gehen nun parallel zu ihr in Richtung Dorf. Beim Plattnerhof in Barbian Unterdorf stoßen wir auf den Wanderweg Nr. 3, der uns bergab zum Gostnerhof bringt, von dort geht der Weg hinunter nach Waidbruck, auf dem Radweg geht es zurück nach Kollmann.

2 h, 5,2 km, 300 Höhenmeter

INFOS IN KÜRZE

Gostnerhof,
Fam. Winkler,
Barbianer Str. 9,
Barbian
Tel. 0471 654357
www.gostnerhof.com

50 Plätze in zwei Stuben, 40 im Garten
Geöffnet Mitte Sept.-Anfang Dez. So. erst ab 12 Uhr, Apr. und Mai an Wochenenden 17–23 Uhr auf Vorbestellung
2 Ferienwohnungen, 5 Doppelzimmer

Auf der Landesstraße von Waidbruck in Richtung Barbian, nach 2 km liegt der Gostnerhof an der linken Seite. Anfahrt auch mit Bus 345 ab Klausen möglich.

33 Unteraichnerhof, Barbian

Auf den nach Südosten ausgerichteten Hängen am unteren Dorfrand von Barbian liegt der Unteraichnerhof auf 835 m. Die Anfänge des Hofes reichen bis ins Jahr 1350 zurück, seit dem Jahr 1896 bewirtschaftet die Familie Mur den Hof.

1974 wurde ein neues Haus gebaut, 2003 der Buschenschank eröffnet. Das alte Haus aus der Gotik steht noch, dort wird in der rußigen Küche der Speck geselcht und die Küchenkräuter getrocknet. Der Unteraichner ist ein Mischhof mit Viehwirtschaft und Weinbau. Die ganze Familie ist auf dem Hof im Einsatz, Oma Luise – sie hat den Jungen das Kochen beigebracht – hegt den Garten, ihre Freude gilt den Gewürzen und Kräutern, aus denen sie Salben, Tees und Salze herstellt. Opa Valentin hilft auf Hof und Feld, er sorgt für den Auslauf und das Grünfutter der Hühner und Schweine. Bauer Sepp versorgt das Vieh und verrichtet die Arbeit im Weinberg, kümmert sich um Speck, Hauswürste und Kaminwurzen, die alle selbst gemacht sind. Seine Frau Rosmarie verarbeitet das Obst zu schmackhaften Marmeladen, Sirupen und Säften. Die vier Töchter Elisabeth, Veronika, Katharina und Magdalena helfen insbesondere im Herbst, zur Hochsaison, fleißig mit.

In der Küche kommen fast ausschließlich Produkte vom Hof zum Einsatz. Das beginnt beim Rind- und Schweinefleisch der eigenen Tiere und reicht bis zu den Salaten und dem Gemüse: Kartoffeln, Karotten, Tomaten, Zucchini, Kohlrabi, Rohnen, Kürbisse, Krautrüben, Zwiebeln, Kräuter und vieles mehr kommen von den hofeigenen Gärten und Äckern. Der Herbst ist die Zeit für Gersten- und Kürbiscremesuppe oder die Saure Suppe aus Rindskaldaunen, Schlutzer oder Knödel und Nocken mit Speck, Käse, Spinat oder Pilzen. Dann die Süßspeisen: Zwetschgenknödel, Kastanienherzen,

Krapfen mit verschiedenen Füllungen. Den Durst löschen Säfte, darunter der seltene Maulbeersaft. Als Weine kommen Weißburgunder, Müller-Thurgau und ein Roter, ein Verschnitt aus Vernatsch und Regent, in die Gläser bzw. in die für das Eisacktal typischen Krüglein. Zur Verdauung gibt es den „Hausschnaps".

WANDERUNG NACH DREIKIRCHEN UND BRIOL

Am Berghang oberhalb von Barbian liegt der verträumte Weiler Dreikirchen, mit Hotel und Gastwirtschaft, architektonisch beachtenswerten Sommerfrischhäusern, drei ineinander verschachtelten Bergkirchlein und in der Nähe das Gasthaus Briol, ein interessanter Bau im Stil der späten 1920er-Jahre. Von Barbian aus führt ein schöner Wald- und Wiesenweg nach Dreikirchen. Beschilderung und Info-Tafel bergseitig hinter der Kirche.

1 h 20 min, 3 km, 380 Höhenmeter (nur Hinweg)

INFOS IN KÜRZE

Unteraichnerhof, Fam. Mur, Aichnerweg 2, Barbian Tel. 0471 650115 und 340 4689980 www.unteraichnerhof.com

Innen 60 Plätze in zwei Stuben, außen 20 unter Weinlauben
Geöffnet Sept.–Anfang Dez. ab 12 Uhr, Ostern–Pfingsten Fr.–So. 12 Uhr

Von der Brennerstaatsstraße bei Waidbruck nach Barbian abbiegen, 4 km bergauf fahren, in der vierten Kehre rechts abbiegen und den Schildern ca. 1 km zum Unteraichner folgen.

34 Buchfelderhof, Lajen/Ried

An den sonnigen Hängen zwischen Waidbruck und Lajen, am Eingang des Grödner Tales, klettern die Weinreben weit den Berg hoch, ein eigenes, der hl. Katharina geweihtes Kirchlein unterstreicht die Bedeutung des Lajener Rieds, wie diese Weingegend genannt wird. In alter Zeit verlief hier einmal die Straße nach Gröden, wie Perlen an einer Schnur reiht sich ein schöner Törggelehof an den anderen, der Buchfelder ist einer davon.

Wir sind in altem Weingebiet, bereits 1329 wird ein „Hainreich der Puchfeller" erwähnt, der Bauernhof stand im Einflussbereich der nahen Trostburg, der Grafen Wolkenstein und anderer Lehnsherren. Wie ein Fresko über dem Hauseingang sagt, wurde das Haus 1847 renoviert. 1968 wurde nach einem Brand, der vom alten Wirtschaftsgebäude auf den Hof übersprang, abermals erneuert und die Gebäude in der heutigen Form wiederhergestellt. Gut, dass die alte Stube keinen Schaden genommen hat! Seit jeher waren die Weine aus diesen Lagen sehr geschätzt. In den Weinbergen um das Haus stehen nunmehr vorwiegend Weißweinreben, ein Großteil der Ernte geht an Privatkellereien im Unterland, für den Eigengebrauch im Buschenschank wird etwas Müller-Thurgau abgezweigt. Der angebotene süffige Rotwein ist eine Mischung

aus Portugieser, Zweigelt und weißen Trauben. Auf dem Buchfelderhof wohnt und arbeitet die Familie Runggatscher: Martin ist der Bauer, Altbäuerin Johanna ist in der Küche und zur Hochsaison helfen auch weitere Familienmitglieder mit.

Im Herbst kommen die typischen Törggelegerichte auf den Tisch: Gerstensuppe, Rippelen, Surfleisch, gesottene Hauswürste und Sauerkraut. Auf dem Hof werden Schweine gehalten, der Speck ist selbst geräuchert, ein Teil der Hauswürste ist selbst gemacht. Die Schlutzkrapfen und die süßen Krapfen von Johanna sind weitum bekannt. Gegen den Durst helfen die selbst gemachten Säfte.

DER VOGELWEIDERHOF

Wenig oberhalb vom Buchfelder liegt der Vogelweiderhof. Ab den 1860er-Jahren wurde hier der Geburtsort des berühmten Minnesängers Walther von der Vogelweide (um 1170–1230) vermutet, daraufhin setzte eine wahre „Walther-Renaissance" ein. Germanisten aus allen deutschen Ländern hielten sich zu Studienzwecken im nahen Klausen auf. Am Haus ist eine Gedenktafel mit dem bekannten Spruch des fränkischen Dichters Hugo von Trimberg angebracht: „Her Walther von der Vogelweide, swer des vergaeze, der taet mir leide". Die Herkunft Walthers ist allerdings höchst umstritten und wissenschaftlich nicht belegbar.

INFOS IN KÜRZE

Buchfelderhof, Fam. Runggatscher, Ried 143, Lajen
Tel. 0471 655841

50 Plätze in der Stube und im Flur
Geöffnet Sept.–März ab 12 Uhr, Mi. Ruhetag, Mitte Dez.–März mittags nur auf Vorbestellung, So. immer geöffnet

Von der Straße Klausen–Gröden zweigt gleich nach Kilometer 7 (bei einer Bushaltestelle) ein schmales Sträßchen rechts ab (Schild: St. Katharina), es führt hinab zu den vier Törggelehöfen Buchfelder, Buchner, Putzer und Pedratscher, die aufgefädelt am ehemaligen Sträßchen nach Gröden liegen. Auch mit Bus 351 ab Klausen erreichbar.

35 Buchnerhof, Lajen/Ried

Das Lajener Ried buhlt mit den Dörfern auf der gegenüberliegenden Talseite – Barbian, Villanders und Feldthurns – um die Vormachtstellung als Wiege des Törggelens. Es ist wirklich schwierig, die Siegertrophäe zu vergeben, die allermeisten Betriebe spielen auf hohem Niveau, sozusagen in der ersten Törggele-Liga, so auch der Buchner. Aber wie heißt es so treffend? – „Konkurrenz belebt das Geschäft", da muss schon alles passen, wenn man neben vielen ähnlichen Buschenschänken auf so engem Raum bestehen will.

Beim Buchnerhof ist alles stimmig: Der altehrwürdige Bauernhof, dessen Wurzeln über ein halbes Jahrtausend zurückreichen, die historische Stube, die uralten, riesigen Kastanienbäume auf der Wiese hinter dem Haus und natürlich die Gastfreundschaft. Reinhold und Michaela Schenk tischen, unterstützt von Kindern und Oma, je nach Saison das Beste aus Küche, Keller, Garten und Weinberg auf und machen den Buchner zu einem besonderen Ort.

Serviert werden Jausen mit teils selbst geräuchertem Speck, herrliche Schlutzkrapfen, allerlei Knödel und Nocken, auf Bestellung auch Schwarzplentene Knödel, gebratene Rippchen. Im Herbst gibt es die ganze Palette der Törggelegerichte, von der Gerstensuppe über die Schlachtplatte mit den selbst gemachten köstlichen Hauswürsten bis hin zu Krapfen und Tirtlen. Die Speisen werden von guten Eigenbauweinen begleitet: einer aromatischen Cuvée aus Müller-Thurgau und Gewürztraminer, einem robusteren Zweigelt und einem süffigen leichteren Roten, einem Verschnitt aus Portugieser und Zweigelt. Vom Hof kommen auch die Kastanien und Nüsse, selbstverständlich sind Holunder-, Johannisbeer-, Himbeer- und Apfelsaft ebenfalls selbst gemacht.

RUNDWEG VON ALBIONS ZUM BUCHNERHOF

Ausgangspunkt ist das Dörfchen Albions unterhalb von Lajen, das wir ab Klausen über die Grödner Straße erreichen. Auf Weg Nr. 5 gelangen wir leicht ansteigend zum Wasserbühel kurz vor Lajen. Auf dessen aussichtsreicher Kuppe stehen Tisch und Bank für eine Rast bereit. Von hier geht es erst ins nahe Lajen, dann steigen wir auf dem Steig Nr. 35 abwärts nach Ried zum Buchner und den anderen Törggelehöfen, die zur Einkehr einladen. Der Rückweg von Ried erfolgt über einen Waldsteig (Beschilderung „Vogelweider Rundweg"), der erst etwas ansteigt und dann wenig unterhalb der Asphaltstraße, die Albions mit der Grödner Straße verbindet, den Berghang quert und zurück nach Albions führt.

2 h 45 min, 7,4 km, 420 Höhenmeter

INFOS IN KÜRZE

Buchnerhof, Fam. Schenk, Ried 144, Lajen Tel. 0471 655829 und 349 3291714

50 Plätze in der Stube, 20 im Garten
Geöffnet Anfang Sept.–Mitte Sept. ab 17 Uhr; Mitte Sept.–Mitte Dez. ab 12 Uhr; Mo. Ruhetag; 7. Jan.–Mitte Apr. Mi.–So. ab 16 Uhr

Von der Straße Klausen–Gröden zweigt gleich nach Kilometer 7 (bei einer Bushaltestelle) ein schmales Sträßchen rechts ab (Schild: St. Katharina), es führt hinab zu den vier Törggelehöfen Buchfelder, Buchner, Putzer, und Pedratscher, die aufgefädelt am ehemaligen Sträßchen nach Gröden liegen. Auch mit Bus 351 ab Klausen erreichbar.

36 Putzerhof, Lajen/Ried

Die Höfe unterhalb von Lajen sind das Epizentrum des Törggelens. Von den Weinhöfen im Lajener Ried liegt der stattliche Putzerhof besonders sonnig und behäbig in einer geschützten Mulde an dem alten Weg, der vom Eisacktal aus zum Lajener Ried anstieg und an den Weinhöfen vorbei nach Gröden weiterführte.

Bereits 1305 wurde der Putzer urkundlich in einer Auflistung der zum Bistum Freising gehörenden Güter erwähnt. Im Laufe der Jahrhunderte musste der Hof verschiedenen Lehnsherren Zins abliefern, darunter auch dem Augustiner Chorherrenstift von Neustift, den Herren von Ingram, dem Pfarrer von Lajen und der Kirche St. Katharina in Ried. Nun ist der überaus gepflegte Hof in der vierten Generation im Besitz der Familie Runggatscher. Die riesige Stube, in der über 50 Personen Platz finden, zeugt davon, dass auf dem Hof einst viele Mägde und Knechte lebten, die mit dem Bauern in der Stube aßen. Hier drängen sich nun im Herbst die Törggelegäste, auch im großen Flur werden noch Tische aufgestellt. Etliche der Besucher unterhalten sich auf Ladinisch, es sind Grödner, die hier gerne einkehren, sie haben es nicht weit.

Vieles auf dem Hof ist selbst gemacht wie Speck, Hauswürste und Kaminwurzen, Fleisch kommt vorwiegend von den eigenen Tieren oder vom Metzger des Vertrauens in Lajen. Beliebt sind die Rippchen vom Rohr und die Schlutzkrapfen mit extra dünnem Teig und guter Spinatfülle. Die süßen Krapfen werden immer frisch gebacken „dafür müssen die Leute eben eine Viertelstunde warten", meint Bauer Hubert. Es gibt auch „grüne Krapfen" (Tirtlen); hier ist deren historischer Einzugsbereich zu Ende, weiter südlich kannte man diese Speise nicht mehr; sie werden auch nur mit Spinat gefüllt – die Topfen-, Kraut- oder Kartoffelfülle, so wie im Pustertal, war im Eisacktal nicht üblich. Beliebt sind auch die Erdäpfelblattln mit Sauerkraut. Begleitet werden diese Köstlichkeiten von einem Eigenbauwein, einem weißen Sylvaner und einem roten Verschnitt aus Portugieser und Zweigelt.

WANDERUNG ZUM PUTZERHOF

Wer einen langen Tagesauflug nicht scheut und öffentliche Verkehrsmittel nutzt, wandert von St. Ulrich auf dem mit „P" markierten Poststeig über Lajen (ab hier Weg 35) und das Lajener Ried nach Waidbruck. In alten Zeiten war der Postbote zu Fuß unterwegs, er brachte die Post von Waidbruck über das Lajener Ried nach Lajen, St. Peter, nach Pontives und in die Grödner Dörfer. Der alte Postweg hat längst ausgedient, auf der alten Trasse verläuft jetzt ein wunderbarer Wanderweg. Start: St. Ulrich, Bahnhofstraße, Anfahrt ab Waidbruck mit Bus 350.

5 h, 16 km, 250 Höhenmeter im Aufstieg, 1000 im Abstieg

INFOS IN KÜRZE

Putzerhof, Fam. Runggatscher, Ried 127, Lajen Tel. 0471 655785 und 347 4532743

70 Plätze in der Stube und im großen Flur

Geöffnet Sept.–März ab 12 Uhr, Dez.–März warme Gerichte auf Vorbestellung

Von der Straße Klausen-Gröden zweigt gleich nach Kilometer 7 (bei einer Bushaltestelle) ein schmales Sträßchen rechts ab (Schild: St. Katharina), es führt hinab zu den vier Törggelehöfen Buchfelder, Buchner, Putzer und Pedratscher, die aufgefädelt am ehemaligen Sträßchen nach Gröden liegen. Auch mit Bus 351 ab Klausen erreichbar.

37 Pedratscherhof, Lajen/Ried

Das Bergdorf Lajen liegt auf einem Plateau in rund 1100 m Höhe und blickt weit über das Eisacktal hinaus. Im Osten lugen über den Wäldern bereits die Dolomiten herüber; tiefer unten, im Weiler Ried, klettern die letzten Weinreben an den sonnenexponierten Hängen empor. Wir sind im Herzen des Gebiets, in dem sich die schöne Tradition des Törggelens bestens erhalten hat.

Entlang des ehemals sehr wichtigen Verbindungswegs zwischen dem Eisacktal und den ladinischen Tälern, des „Troi pajan", sind dicht beieinander mehrere Bauernhöfe aufgereiht, beim Pedratscher, dem – vom Eisacktal kommend – letzten dieser Höfe, kehren wir ein. Der Hof mit dem ladinischstämmigen Namen, der auf ein felsiges Gelände deutet (von lateinisch *petra*, Fels, Stein) wird schon im 13. Jh. urkundlich erwähnt. Von der alten Substanz hat

ARCHÄOLOGIE AM WASSERBÜHEL

Archäologische Grabungen am Wasserbühel bei Lajen brachten Spuren frühgeschichtlicher Besiedelung (Wohnanlagen, Keramik, Werkzeuge und Schmuckgegenstände aus der Kupfer-, Bronze- und Eisenzeit), aber auch aus der Zeit der Räter und Römer zutage. In etwas mehr als einer halben Stunde umrunden wir das Landschaftsschutzgebiet mit traumhafter Aussicht und schönen Rastplätzen. Infos zu den archäologischen Funden: www.gemeinde.lajen.bz.it.

sich nach Umbauten allerdings nicht mehr viel erhalten. Die schöne getäfelte Stube stammt aus dem 18. Jh.

Die Speisekarte beginnt mit Suppen: Gerst-, Kürbis- oder Gulaschsuppe, auch Saure Suppe; es geht weiter mit einem Tris (Dreierlei) von Schlutzern, Lauchnocken und Nudeln mit Kraut und Speck oder mit Tirtln, gefüllt mit Spinat oder Kraut. Gern bestellt werden auch die Erdäpfelblattln mit Kraut, herbstlich wird es mit Surfleisch, Hauswurst und dem Eintopf mit Kartoffeln und Rippchen vom Rohr. Speziell zur Törggelezeit gibt es ein fixes Menü mit Vorspeise, Hauptspeise, gebratenen Kastanien und süßen, mit Marmelade, Mohn oder Kastanien gefüllten Krapfen. Aus den Weinbergen neben und unter dem Haus kommen die Trauben für den roten und weißen Eigenbauwein.

WANDERUNG ZUM PEDRATSCHER

Von Waidbruck geht es über den Schlossweg zur Trostburg, dann an dieser vorbei auf dem alten Kastelruther Weg bergauf bis links der neu markierte Steig (Villnad) in ebener Hangquerung zum Grödner Bach abzweigt; wir überqueren den Bach und wandern jetzt am gegenüberliegenden Hang auf der kaum befahrenen Straße (Schild Törggelehöfe) zum Pedratscher. Über das Lajener Ried geht es dann ab dem Bucherhof auf Weg Nr. 35 wieder hinunter nach Waidbruck.

2 h 40 min, 7,5 km, 380 Höhenmeter

INFOS IN KÜRZE

Pedratscherhof, Fam Schrott, Ried 125, Lajen Tel. 0471 654 020, und 333 926 68 67

Innen 40, außen 32 Plätze

Geöffnet Mitte Sept.–Mitte Dez. ab 12 Uhr, März–Mai: Sa. und So. ab 12 Uhr, Mo.–Fr. auf Vorbestellung, Di. Ruhetag

Von der Straße Klausen–Gröden zweigt gleich nach Kilometer 7 (bei einer Bushaltestelle) ein schmales Sträßchen rechts ab (Schild: St. Katharina), es führt hinab zu den vier Törggelehöfen Buchfelder, Buchner, Putzer und Pedratscher, die aufgefädelt am ehemaligen Sträßchen nach Gröden liegen. Auch mit Bus 351 ab Klausen erreichbar.

38 Pschnickerhof, Villanders/ Sauders

Die mit Weinreben überzogenen Hänge auf der rechten Talseite südlich von Klausen zählen zum Kerngebiet des Törggelens, in kaum einem anderen Landstrich finden wir eine ähnliche Dichte von authentischen Buschenschänken. Wenig unterhalb des malerischen Dörfchens Sauders liegt der Bauernhof Pschnicker.

Der zungenbrechende Name Pschnicker geht auf das Jahr 1390 zurück, als bereits Weingüter „Posnikch" erwähnt wurden. Seit mehreren Generationen bewirtschaftet die Familie Kainzwaldner den Obst-, Wein- und Viehhof. Ein Teil des Obstes – Jonagold und Gravensteiner Äpfel und Zwetschgen – wird zu Destillaten verarbeitet. Als Wein werden ein weißer Müller-Thurgau und ein roter Verschnitt aus Vernatsch und Zweigelt aufgeschenkt. Urban, der Senior-Bauer, war bis vor wenigen Jahren Tischler mit einer eigenen Tischlerei, da wundert es nicht, dass beim Hausbau 2012 die Täfelung und Einrichtung von Stube und Zimmern selbst gefertigt wurden. Die Küche hingegen ist das Reich von Mutter Rosa, die gern und gut kocht.

Es gibt verschiedene Knödel, darunter die Gemüseknödel mit Karotten, Zucchini, Petersilie und Lauch, weiter Nocken und die gebratenen Rippelen. Im Herbst, zur Törggelezeit, kommen etwas gehaltvollere Gerichte auf den Tisch: Gersten- oder Kartoffelsuppe, Hauswurst mit Kraut, Spinatkartoffelnudeln, Erdäpfelblattln mit Sauerkraut, „Grüne Zaache" (mit Spinat gefüllte Krapfen, die Spezialität der Gegend) sowie üppige Schlachtplatten; als Abschluss verschiedene Kuchen und Krapfen. Natürlich dürfen die Kastanien und der neue Wein nicht fehlen! Gern wird das Marendbrettchen bestellt mit Speck, Wurst, Käse, Kräuteraufstrich, Schüttelbrot und Pellkartoffeln. Viel Gemüse kommt aus dem eigenen Garten. Hausgemacht sind auch das Brot und die Säfte.

WANDERUNG ZUM PSCHNICKERHOF

Start ist in Klausen, von wo nahe der südlichen Stadteinfahrt der alte Fuß- und Karrenweg nach Villanders (Nr. 4) bergauf führt. Nach der Tischlerei Gruber folgen wir dem Törggelesteig, der uns zur Straße nach Sauders bringt. Auf dieser gehen wir kurz bergab, bis links das Sträßchen zum Pschnicker abzweigt. Zuletzt wandern wir auf der Sauderer Straße hinunter zur Staatsstraße (Bushaltestelle Kalchgruber) und fahren mit Bus 301 zurück nach Klausen.

1 h 45 min, 5 km, 220 Höhenmeter

INFOS IN KÜRZE

Pschnickerhof, Fam. Kainzwaldner, Sauders, 39, Villanders
Tel. 0472 843498 und 347 8351009
www.pschnickerhof.it

Innen 50, im Garten 60 Plätze

Geöffnet Ostern–Pfingsten und 1. Sep.–Anfang Dez., Sa. und So., jederzeit kleine Gerichte und Jausen

Ferienwohnung für fünf Personen

Ab-Hof-Verkauf, Partyservice mit hausgemachten Produkten

Zwischen Waidbruck und Klausen zweigt von der Brennerstaatsstraße SS 12 (bei der Gewerbezone Kalchgruber) die Straße nach Sauders ab und führt 1,4 km bergauf bis rechts das Sträßchen zum Pschnickerhof abzweigt.

39 Larmhof, Villanders/Sauders

Auf halber Höhe zwischen der Eisacktaler Talstraße und Villanders liegt der beschauliche Weiler Sauders mit dem Kirchlein zum hl. Mauritius und wenigen Bauernhöfen; einer davon ist der Larm, eine beliebte Törggele-Einkehr. Sauders quert auch der beliebte Keschtnweg, der von Brixen bis Bozen verläuft, Weindörfer und -höfe verbindet und sich zu einem vielbegangenen Weitwanderweg entwickelt hat.

„Larm" kommt nicht von Lärm, im Gegenteil, Sauders ist ein ruhiges Fleckchen! Bis ins 16. Jh. hieß der Hof Laureinhof, woraus im Sprachgebrauch Larmhof geworden ist. Bereits seit 1795 wird der Hof von der Familie Winkler als Mischhof bewirtschaftet. Die Milch der Kühe wird täglich an die Sennereigenossenschaft abgeliefert, Obst- und Gemüse werden für den Eigenbedarf angebaut. Auf einem kleinen Weingut wachsen die Reben für die Weine, die ausschließlich im eigenen Buschenschank ausgeschenkt werden. Mit seinen 700 m Höhe liegt der Larm an der oberen Grenze des Weinanbaus,

INFOS IN KÜRZE

Larmhof, Fam. Winkler, Sauders 30, Villanders
Tel. 0472 843 163
www.larmhof.it

Innen 70 Plätze, außen 20
Geöffnet Ende Sept.–10. Dez. ab 12 Uhr

Zwischen Waidbruck und Klausen zweigt von der Brennerstaatsstraße SS 12 (bei der Gewerbezone Kalchgruber) die Straße nach Sauders ab und führt knapp 3 km bergauf zum Larmhof.

aber der weiße Müller-Thurgau, der rote, süffige Vernatsch und der etwas füllige Zweigelt passen bestens zu den typischen bäuerlichen Gerichten, die auf dem Hof serviert werden.

Familie Winkler ist für ihre einfachen, guten Gerichte bekannt, in der Hochsaison ist der Gästezuspruch entsprechend groß. „Die Leute essen mittlerweile weniger Fleisch, auch deshalb sind die Erdäpfelblattln mit Kraut so gefragt", meint Frau Sabine. Neben Speck, Kaminwurzen und Käse für die Marenden gibt es verschiedene Knödel, Gerstsuppe und Schlutzer, im Herbst Schlachtplatten und Hauswürste. Vieles kommt vom Hof, so etwa Kartoffeln, Gemüse, etwas vom Fleisch für die Hauswürste, selbstverständlich die Kastanien und die Nüsse. Hausgemacht sind auch die Säfte: Holunderblüten-, Himbeer-, Ribisl-, Erdbeer- und Zwetschgensaft.

HL. MAURITIUS

Der volkstümlich „Moritz" genannte Heilige ist der Patron der Kirche in Sauders. Manchmal stehen Mauritiuskirchen neben alten Quellheiligtümern; beispielsweise gab es in Moritzing bei Bozen eine Heilquelle, das Schwefelbad. Auch unter dem Larmhof plätschert eine Quelle mit gutem Wasser, dem früher Heilwirkung zugeschrieben wurde. Der offene überdachte Brunnen ist für jedermann zugänglich.

WANDERUNG ZUM LARM

In Klausen startet neben der südlichen Stadteinfahrt der alte, mit der Nr. 4 markierte Karrenweg nach Villanders. Kurz vor dem Dorf treffen wir auf den Keschtnweg und folgen diesem Richtung Südwesten bis nach Sauders und zum Larm (ca. 1½ h). Der Rückweg kann entweder über den Hinweg erfolgen, oder wir steigen 280 Höhenmeter über den Törggelesteig zum Kalchgruber an der Brennerstraße ab (ca. 30 Minuten) und fahren mit dem Bus nach Klausen zurück (verkehrt etwa im Halbstundentakt).

3 h, 7,3 km, 500 Höhenmeter (bei Rückkehr auf Hinweg)

40 Winklerhof, Villanders/Sauders

Zwischen der Talsohle des Eisacktales und Villanders liegt auf einem Sonnenhang die malerische kleine Ortschaft Sauders. Wenige Bauernhäuser scharen sich um das gotische Kirchlein, das dem hl. Mauritius (Moritz) geweiht ist. Der Winklerhof, im Südwesten des Weilers, ein stattliches Anwesen, das erstmals 1314 aufscheint und schon 1414 als Winklerhof erwähnt wird, ist unser Ziel. Seit 1848 wird er von der Familie Fink geführt.

Der Bauernhof ist ein Mischbetrieb, die Viehwirtschaft ist das wichtigste Standbein, Obst und Wein sind für den Eigenbedarf und den Ausschank bestimmt. Wir sind mit 800 m fast an der Obergrenze des Weinbaues angelangt. Auf rund einem Hektar Weinberg wach-

WANDERUNG ZUM WINKLERHOF

Eigentlich ist der einstündige Rundweg, der uns zum Winkler führt, ein kleiner Spaziergang, keine kräftezehrende Wanderung. In Villanders, Parkplatz vor dem Rathaus, schlagen wir den Keschtnweg (Markierung Kastaniensymbol) ein. Nach den letzten Häusern des Dorfs taucht der Weg in ein Wäldchen ein, quert den Mühlbach und geht nun bergauf über Wiesen auf Sauders zu, wo bereits der spitze Kirchturm herübergrüßt. Der Rückweg verläuft über den Kirschsteig, der oberhalb der Häuser von Sauders wieder auf Villanders zuläuft.

1h 10 min, 3,1 km, 165 Höhenmeter

sen die Reben für den Weißen, einen Verschnitt aus Sylvaner und Müller-Thurgau. Größer ist die Vielfalt bei den Roten: Vernatsch, Blauburgunder und Portugieser, letzterer ist der typische, traditionelle Törggelewein im Eisacktal, auch wenn er den heutigen Geschmacksvorstellungen nicht immer gerecht wird. Viele der Produkte, die im Buschenschank verwendet werden, kommen aus der Eigenproduktion. In der Küche hat Frau Luise das Sagen, sie kocht gerne und besucht regelmäßig Kochkurse.

Auf den Tisch kommen die typischen bäuerlichen Gerichte: Schlutzer, Nocken und Knödel, außerdem die „Wiida", mit Spinat gefüllte, gebackene Halbmonde aus Kartoffelteig, Blattln mit Kraut und Schlachtplatten, als Süßspeise werden die schmalen Villanderer Krapfen und Apfelküchlein gereicht. Das Brot wird aus dem eigenen Getreide gebacken, für Speck und Würste sind die freilaufenden Schweine die Lieferanten. Neben dem Wein gibt es noch Apfel-, Johannisbeer-, Holunder-, Himbeer- und Traubensaft und natürlich die gebratenen Kastanien.

INFOS IN KÜRZE

Winklerhof, Fam. Fink, Sauders 25, Villanders
Tel. 0472 843105 und 331 3990090
www.winklerhof.eu

Innen 60, außen 30 Plätze
Geöffnet Mitte Sept.– Mitte Dez., Mi.–So. 12–22 Uhr; Anfang März–Ende Mai, Fr.–So.
Im Frühjahr auf Vormerkung
3 Ferienwohnungen

Zwischen Waidbruck und Klausen zweigt von der Brennerstaatsstraße SS 12 (bei der Gewerbezone Kalchgruber) die Straße nach Sauders ab und führt knapp 3 km bergauf zum Winklerhof.

41 Oberparteggerhof, Villanders

Der Oberpartegger liegt auf der sonnigen rechten Seite des Eisacktals südlich von Klausen auf etwas mehr als 600 m Höhe. Die klimatisch begünstigte Lage dokumentiert der Olivenbaum an der schützenden Hauswand sowie Feigen und Zypressen um den Hof. Seit 1787 wird der Hof, der aus dem Mittelalter stammt, von der Familie Kainzwaldner bewirtschaftet.

Einst war der Oberpartegger ein Mischhof mit Viehhaltung, Obst- und Weinbau, mittlerweile sind die 4 Hektar ausschließlich mit Reben bepflanzt, aus denen zum größten Teil Weißweine der Sorten Sylvaner, Weißburgunder, Veltliner und Ruländer gekeltert werden, der Rote ist ein Verschnitt aus Vernatsch und Zweigelt. Bei der Weinerzeugung spricht Sohn Hannes ein gewichtiges Wort mit, er ist Weinliebhaber und hat neue Ideen eingebracht. Nach einer Ausbildung an der Laimburg und Lehrjahren in der Kellerei Tramin bei Kellermeister-Guru Willi Stürz setzt er auf dem Heimathof das Gelernte in die Praxis um. Seit Kurzem wird auch ein Sekt in Flaschengärung hergestellt. Hausgang und Treppenhaus sind mit Diplomen und Preisen von Weinwettbewerben gepflastert. Sepp, der Hausherr, ist der Landwirt, seine Hauptaufgaben sind die Arbeit auf dem Feld, im Weinberg und die Schweinehaltung. Auf dem Hof werden viele Schweine gehalten – mit der Hofschlachtung beste Voraussetzung für den vorzüglichen Speck, die Haus- und Blutwürste, Kaminwurzen und das Surfleisch. In der Küche ist Rosmarie die Chefin.

Im Frühjahr gibt es Spargelgerichte, Teigtaschen mit Bärlauch, allerlei Knödel und Nocken, zur Törggelezeit im Herbst Saure Suppe, das Bauernbratl, ein Eintopf aus Kartoffeln und Fleisch, Erdäpfelblattln mit Kraut und verschiedene Krapfen, darunter die „Wiida", mit Spinat gefüllte und gebackene Halbmonde aus Kartoffelteig. Das Brot wird im Steinofen selbst gebacken, ein Teil des Käses (Grau- und Ziegerkäse aus Kuhmilch) und die Butter sind selbst gemacht.

WANDERUNG ZUM OBERPARTEGGER

Vom Stadtzentrum Klausen aus bietet sich eine einfache Wanderung zum Oberpartegger an. Dabei geht es zunächst durch die Eisackgasse zum Fluss und ein gutes Stück über den Eisacktaler Radweg am rechten Eisackufer südwärts; unterhalb des Rabensteinerhofs, der auf einem markanten Felsvorsprung liegt, überqueren wir die Staatsstraße und gehen auf Weg 4A bergauf zum Oberpartegger. Rückweg wie Hinweg.

1 h, 3,1 km, 120 Höhenmeter

INFOS IN KÜRZE

Oberparteggerhof, Fam. Kainzwaldner, Unter-St.-Stefan 7, Villanders
Tel. 0472 847869 und 338 3000319
www.oberpartegger.com

Innen 70, außen 30 Plätze

Geöffnet Sept.–Dez. ab 16 Uhr, März–Mai ab 17 Uhr, im Herbst und zur Spargelzeit an Sonntagen bereits ab 13 Uhr, im Herbst Mo. Ruhetag, im Frühjahr Mo.–Mi. Ruhetag

Vorbestellung empfehlenswert

Zwischen Waidbruck und Klausen zweigt von der Brennerstaatsstraße SS 12 (bei der Gewerbezone Kalchgruber) die Straße nach Sauders ab. Auf dieser geht es bergauf, bis nach ca. 1,7 km in einer Linkskurve die beschilderte schmale Zufahrt zum Oberpartegger abzweigt.

42 Röckhof, Villanders

Die sonnenexponierten, mit Weinbergen überzogenen Flanken des Eisacktals bei Klausen und Villanders sind das Mekka für Liebhaber zünftiger Törggele- und Weinwanderungen, nirgendwo sonst gibt es so viele gut geführte Buschenschänken. Mitten in den Weinbergen liegt der Röckhof auf 648 m Höhe, er ist bekannt für exzellente Weine und eine gute Küche.

Der Röck ist ein Weinhof sowie ein beliebtes und gut geführtes Törggeleziel mit jahrhundertealter Weinbautradition. Seit 400 Jahren wird er von der Familie Augschöll bewirtschaftet. Das uralte, bäuerliche Bauernhaus ist nicht mehr bewohnt, dort ist die Selche für Speck und Würste untergebracht, die alte Stube wird als Verkostungsraum genutzt. Dieses alte Haus beherbergt außerdem einen

INFOS IN KÜRZE

Weingut und Buschenschank Röckhof, Fam. Augschöll, St. Valentin 22, Villanders Tel. 0472 847130, www.roeck.bz

Innen 45, außen 20 Plätze

Geöffnet Mitte Sept.–Ende Nov. Do.–So.; Mitte Jan.–Ostern, So. Ruhetag

Verkauf von Wein und Destillaten jederzeit gegen Voranmeldung möglich.

Von Klausen auf der Landesstraße Richtung Villanders fahren, an der dritten Kehre (nach etwa 1,3 km) liegt links der Röckhof.

eindrucksvollen, als Schau- und Lagerraum genutzten historischen Keller samt altem Torggelstein. Zwischen Alt- und Neubau, in dem die blitzblanke moderne Kellerei untergebracht ist, verläuft ein architektonisch schön gestalteter unterirdischer Verbindungsgang. Schon vor längerer Zeit wurde der Hof auf reine Weinwirtschaft umgestellt. Auf 2,5 Hektar wachsen die Reben und Trauben, aus denen Konrad Augschöll die für das Eisacktal typischen Weißen Veltliner, Müller-Thurgau, Riesling und eine Cuvée aus Gewürztraminer, Sylvaner und Ruländer keltert sowie den roten Röck, eine Cuvée aus Zweigelt und Blauburgunder. In der kleinen Hofbrennerei werden Treber, Marillen- und Zwetschgenbrand destilliert. Sohn Hannes, Absolvent einer deutschen Weinfachschule, wird dem Vater in Kürze zur Seite stehen.

Im Buschenschank verwöhnt Frau Frieda die Gäste mit schmackhaften hausgemachten Produkten wie die weitum bekannten Schlutzer, das Tris (Dreierlei) aus Schlutzern, Käse- und Spinatknödeln, aber auch die Hauswurst mit Kraut, im Herbst die Schlachtplatten, die Blattln mit Kraut, die süßen Krapfen werden rigoros frisch zubereitet.

WANDERUNG ZUM RÖCK

Unser Ausflug beginnt im südwestlichen Stadtteil Frag des ehemaligen „Künstlerstädtchens" Klausen. Wir folgen der Markierung 4 Richtung Villanders, überqueren die Staatsstraße und nehmen das Sträßchen, das wenige Meter südlich der Zufahrt nach Villanders steil bergauf führt. Der Weg – mal als schmale Straße, mal als Steig – lässt einen rasch an Höhe gewinnen, quert die Villanderer Straße und erreicht nach 20 Minuten den Röckhof. Danach geht es weiter aufwärts, bei der Kreuzung mit dem Törggelesteig folgen wir letzterem rechts zum Gasthaus Sturm; nach zwei Kehren auf der Villanderer Straße biegen wir rechts auf Weg Nr. 5 ab und steigen auf einem Steig etwas steiler zum prächtigen Aussichtspunkt Tschott auf (Fahnenstange). Wir sind nun am Keschtnweg, folgen ihm in nordöstliche Richtung bergab bis wir auf den sogenannten Erzweg treffen, der uns wieder hinab nach Klausen führt.

2 h, 5,2 km, 360 Höhenmeter

43 Breitnerhof, Klausen

Die rechte Seite des Eisacktales zwischen Klausen und Villanders ist von Weinbergen überzogen, darin eingestreut sind Bauernhäuser, Buschenschänken, Gasthöfe und Handwerksbetriebe. Neben dem gotischen St.-Valentin-Kirchlein liegt auf einem aussichtsreichen Geländebuckel der Breitner.

Das Haus hat eine lange Geschichte: einst Lehen vom Stift Sonnenburg im Pustertal, kam der Breitner über die Grafen von Wolkenstein 1787 in den Besitz von Franz Niederstätter, dessen Nachfahren den Hof heute noch bewirtschaften. Hinter dem Haus steht der alte Kornspeicher mit der beeindruckenden eisenbeschlagenen Tür, darüber die Jahreszahl 1522.

DIE VALENTINSKIRCHE

Unweit vom Breitner steht das gotische St.-Valentin-Kirchlein. Valentin war einer der beliebtesten Heiligen Tirols. Im Inneren, auf dem neugotischen Altar, steht links von der Madonna mit Kind und Traube der hl. Valentin, Bischof von Meran-Mais und der Überlieferung nach Bekehrer der Räter, rechts der andere, „moderne" Valentin, der Bischof von Terni, Patron der Verliebten.

Die Hausleute Imelda, Karl und Jungbauer Markus verwöhnen die Gäste mit einfachen, aber herzhaften Gerichten: Pellkartoffel mit hausgeräuchertem Speck, dann Schlutzkrapfen und Knödel. An Feiertagen gibt es frisch gebackene Eisacktaler Krapfen mit verschiedenen Füllungen, auf Vorbestellung Tirtln, zur Törggelezeit allerlei Schweinernes von der Hausschlachtung wie die frischen Hauswürste und natürlich gebratene Kastanien und neuen Wein. Aus dem Weingut kommen ein roter Portugieser und ein kräftiger Zweigelt, bei den Weißen sind es Kerner, Blatterle (eine alte, fast in Vergessenheit geratene sehr aromatische Traube) und Müller-Thurgau.

WANDERUNG ZUM BREITNER

Von Klausen nehmen wir das Sträßchen, das nahe der Abzweigung nach Villanders zwischen dem Heilig-Kreuz-Kirchlein und dem Ansitz Fragsburg steil bergauf führt (Markierung Nr. 4). Der Weg gewinnt rasch an Höhe, geht an der Handwerkerzone vorbei, bei einer Abzweigung folgen wir rechts dem Törggelesteig zum Gasthof Sturm an der Villanderer Straße. Hier kurz auf der Villanderer Straße bergab bis zum St.-Valentin-Kirchlein, wo wir links in die Höfezufahrt zum Breitnerhof einbiegen (Schild: Breitner, Johannser, Muttner, Klausen). Bis hierher 1 Stunde, 260 Höhenmeter. Vom Breitner gehen wir zum Nachbarhof Johannser und folgen kurz dem Erzweg und nehmen dann den Ketschnweg, bergab durch Apfel- und Rebanlagen ins Thinnetal und zurück ins Städtchen Klausen.

2 h, 5,2 km, 300 Höhenmeter

INFOS IN KÜRZE

Breitnerhof, Fam. Niederstätter, St. Valentin 14, Klausen
Tel. 0472 847808 oder 347 4686473

30 Plätze in der schönen, alten, getäfelten Stube, 16 an wenigen Tischen vor dem Haus
Im Herbst an den Wochenenden geöffnet, in der übrigen Zeit warme Gerichte auf Vorbestellung

In Klausen beginnt die Straße nach Villanders. Von dieser zweigt nach 2,3 km, unmittelbar nach einer Linkskehre, rechts die beschilderte Zufahrt zum Breitner ab.

44 Johannserhof, Klausen

Die sonnenbeschienenen Weinberge im Eisacktal sind das Mekka für jeden Freund zünftiger Törggelewanderungen. Es ist eine außerordentlich liebliche Landschaft und nirgendwo sonst gibt es so viele gut geführte Buschenschänken, die zudem durch Wanderwege miteinander verbunden sind. Auf halber Höhe zwischen Klausen im Talgrund und Villanders liegt der uralte Johannserhof.

Man erzählt sich, dass im Mittelalter am Hügel vor dem Haus ein Kirchlein stand, das dem hl. Johannes geweiht war. Vom einstigen Heiligtum ist nichts mehr erhalten, die schön behauenen Steine wurden zum Bau des Wirtschaftsgebäudes verwendet. Damals hieß der Hof St. Johann bei der Kandl (Weinkrug), der Weinbau war eine wichtige Einnahmequelle. Das Haus ist eines der schönsten und beeindruckendsten weit und breit, die Ringmauer, Freitreppe und die Sonnenuhr verleihen ihm ein beinahe herrschaftliches Aussehen. Ewald Brunner ist Bauer auf dem Hof und kümmert sich um Weinberg und Rinder, die im großen, neuen Laufstall viel Bewegungsraum haben. Michaela Rott-Brunner ist die Bäuerin, sie hat die landwirtschaftliche Oberschule besucht und führt nun mit Elan den Törggelebetrieb, kocht und bedient die Gäste, hilft aber auch im Weingut und auf dem Feld mit. Sie hat Freude an Kleintieren, auf dem Hof tummeln sich neben Hennen auch Pfauen. Neben den Köstlichkeiten aus Küche und Keller genießen wir von der Hügelkuppe vor dem Haus die Aussicht auf Klausen und das Kloster Säben.

Beim Johannser gibt es keine Speisekarte, „es gibt, was ich gerade koche“, meint Michaela, das sind Gerst- oder Kürbiscremesuppe, im Herbst Schlachtplatte oder Bauernbratl, ein Eintopf aus Kartoffeln und Schweinefleisch. Immer frisch werden die Krapfen gebacken. Es werden möglichst Hofprodukte verarbeitet und angeboten, so stammt das meiste Fleisch von den eigenen Rindern und Schweinen, Kartoffeln, Kohl und Gemüse kommen aus dem Hausgarten bzw. -acker. Von den Müller-Thurgau-Trauben wird der Großteil an die Kellerei geliefert, etwas wird als Eigenbau, zusammen mit dem roten Portugieser, auf dem Hof verarbeitet.

WANDERUNG ZUM JOHANNSERHOF

Wen steile Anstiege nicht abschrecken, startet in Klausen und wandert zunächst den Thinnebach entlang taleinwärts bis zur gut beschilderten Abzweigung der Zufahrt zum Obsthof Muttner (Markierung Keschtnweg). In der Folge wird es steiler, wir kommen zum unbewohnten kleinen Staudach-Höfl inmitten von Weinbergen, nach einem Waldstück zweigt links der Weg zum Johannserhof ab (bis dorthin 1 Stunde). Der Rückweg schlängelt sich über den „Erzweg“ wieder nach Klausen zurück.

1 h 40 min, 4 km, 280 Höhenmeter

INFOS IN KÜRZE

Johannserhof, Fam. Brunner, Am Erzweg 25, Klausen
Tel. 0472 847995 und 349 6046088

30 Plätze in der großen Stube
Geöffnet Mitte Sept.–Mitte Dez.

In Klausen beginnt die Straße nach Villanders. Von dieser zweigt nach 2,3 km, unmittelbar nach einer Linkskehre, die beschilderte Zufahrt zum Johannser rechts ab, ihr folgen wir etwa 400 m.

45 Hienghof, Klausen

Auf den steilen Hängen von Leitach bei Klausen klebt wie ein Adlerhorst mitten in den Weinbergen auf einer Geländenase der Hienghof. Unten im Tal drängen sich der Eisack, das Städtchen Klausen, die Staatsstraße und die Eisenbahn sowie die Autobahneinfahrt zusammen, der Hieng schaut gelassen darüber hinweg. Der kleine Weinhof liegt in direkter Nachbarschaft zum Klosterkomplex von Säben, dessen steile, von Kirchen und Türmen gekrönte Felsen fast zum Greifen nahe scheinen.

Der Hieng ist ein Hof mit einer Geschichte, die bis ins 15. Jh. zurückreicht. Bis vor 30 Jahren betrieben die Bauern auf den steilen Hängen noch Viehwirtschaft, der Weinbau hatte keine große Bedeutung. Das hat sich nun grundlegend geändert, mittlerweile sind etwa

WANDERUNG ZUM HIENG

Wir starten in Klausen, steigen auf dem klassischen Weg Nr. 1 nach Säben auf (eine Besichtigung der Kirchen ist ein Muss!), wandern dann über den schmalen Sattel nach Pardell zum Torgglhof, biegen rechts auf Weg 3A ab, queren den steilen Bachgraben Richtung Hieng, der bereits in Sichtweite ist. Reine Gehzeit bis dorthin: eine gute Stunde. Vom Hof führt ein sehr steiler Steig über Leitach ins Tal (Nr. 3A), angenehmer ist der Rückweg über die asphaltierte Höfezufahrt (Weg Nr. 3).

1 h 40 min, 4,5 km, 250 Höhenmeter

1,5 Hektar mit Sylvaner- und Gewürztraminerreben bepflanzt. Der größte Teil davon wird an die Kellereigenossenschaft abgeliefert, der rote Zweigelt und etwas vom Weißen sind für den Ausschank im Buschenschank bestimmt. Beim Hieng arbeiten – besonders zur Törggelezeit im Herbst – alle Familienmitglieder mit, aber Josefa (Fini) Pernthaler ist die Seele des Betriebs. Sie kocht leidenschaftlich gerne, das schätzen die vielen, hauptsächlich einheimischen Gäste.

Auf den Teller kommen die einfachen, typischen Törggelegerichte: Gerstsuppe, Schlutzer, selbst gemachte Hauswürste, die von vielen sehr gelobte Saure Suppe (Rindskaldaunen in einer Brennsuppe), gebratene Rippelen und Surfleisch. Besonders beliebt ist das hausgemachte Nussbrot. Auch für ihr mildes Sauerkraut, das gut gewaschen und mit Zwiebeln und etwas „Einbrenn" lange köchelt, wird Fini gepriesen, ebenso wie für die immer frisch zubereiteten, großzügig mit Marmelade gefüllen Eisacktaler Krapfen.

INFOS IN KÜRZE

Buschenschank Hieng,
Fam. Pernthaler,
Leitach 60, Klausen
Tel. 0472 847354
und 346 8864983

In zwei Stuben
45 Plätze, auf der Terrasse 50

Geöffnet Okt.–Ende Nov., Do.–So. ab 12 Uhr; Feb.–Ende Apr., Sa. und So. ab 12 Uhr

Im Norden von Klausen, auf der Höhe der Autobahneinfahrt, zweigt die Straße in Richtung Feldthurns ab, auf dieser bergauf, aber schon nach 500 m links abbiegen (Schild), nach 1 km kommt links der Parkplatz vom Hieng, von dort sind es 50 m Fußweg bergab zum Hof.

46 Glangerhof, Feldthurns

Inmitten von Wiesen, mit prächtiger Aussicht über Feldthurns und zu den Villnösser Dolomiten, liegt auf 1000 m der stattliche, kürzlich um- und ausgebaute Glangerhof, dessen Wurzeln bis ins 13. Jh. zurückreichen. Dass hier immer schon Wein gekeltert wurde, beweist die alte Torggl, die vor Jahren bei der Sanierung des Kellers ans Licht kam. Nur wichtige Weinhöfe konnten sich seinerzeit eine so große Weinpresse leisten, die auch für die Bauern in der Nachbarschaft den Dienst verrichtete. Die Torggl hat zwar längst ausgedient, sie wurde aber restauriert und ist nun ein schönes Schaustück und Teil einer Sammlung von altem Arbeitsgerät in den Kellergewölben des Glanger.

Mittlerweile trägt auf dem Glangerhof Jungbauer Martin die Verantwortung, er übernahm das Erbe von Vater Georg, der in vielen Jahren den Ruf des Hauses aufgebaut hat und immer noch kräftig mit anpackt. Durch die Arbeit der ganzen Familie, ihren Sachverstand, ihre Ausdauer und Liebe entstand eine Hochburg des Törggelens, wo es im Herbst schwer ist, einen Platz zu ergattern. Ein Grund für die Beliebtheit ist auch die Freude an der Musik von Vater und Sohn, die zum Gaudium der Gäste gern musizieren. In der Küche steht Frau Cornelia, in der Hochsaison wird sie von ihrer Schwester Sonja unterstützt.

Vieles ist hausgemacht, darunter das Sauerkraut; der Käse kommt aus der eigenen Almkäserei, zum Backen des Roggenbrots wurde ein eigenes Backofenhäuschen errichtet, die Hirschzucht liefert das Fleisch für das Hirschgeselchte und die Hirschwürste, die mit dem guten Speck, den Pellkartoffeln und Kräuterfrischkäse zur „Glangermarende“ gehören. Zur Törggelezeit gibt es Gerstsuppe, Schlachtplatte mit Surfleisch, Hauswurst, Erdäpfelblattln mit Kraut, Krapfen mit Marmelade oder Kastanienfülle. Der rote Wein – die Reben wachsen in einem tiefer gelegenen Weinberg – ist ein süffiger Verschnitt aus Zweigelt und Ruländer, ein guter Begleiter der Hausmannskost. Den Weißburgunder liefert, ebenso wie den Apfelsaft, ein befreundeter Bauer.

WANDERUNG ZUM GLANGER

In Feldthurns wurde über bestehende Nebenwege ein Panoramaweg ausgeschildert, ein aussichtsreicher Rundweg, der am Glanger vorbeiführt. Start ist im Dorfzentrum, es geht ostwärts auf den Keschtnweg (Weg Nr. 11), aber schon bald verlassen wir diesen an einer Wegteilung und biegen links ab, folgen dem Panoramaweg bergauf bis nach Schnauders. Jetzt geht es in ebener Hangquerung zum Glanger, dann weiter auf dem Panoramaweg zur Latzfonser Straße, die wir überqueren; gleich danach treffen wir auf Weg 1B, der uns links hinab zum Keschtnweg und zurück nach Feldthurns führt.

2 h, 6,3 km, 170 Höhenmeter

INFOS IN KÜRZE

Glanger, Fam. Oberhofer, Guln 37, Feldthurns
Tel. 0472 855317

70 Plätze in vier Stuben, 20 im Freien
Geöffnet Mitte Sept.–Anfang Dez. ohne Ruhetag
im Frühjahr auf Bestellung für Gruppen geöffnet

Vom Dorfzentrum Feldthurns auf der Landesstraße Richtung Latzfons fahren, nach 1,2 km, an einer Bushaltestelle (Bus 342 ab Klausen und Brixen) rechts abbiegen und der Beschilderung 600 m zum Glanger folgen.

47 Haidnerhof, Brixen/Pairdorf

Im Südwesten Brixens erstreckt sich ein kleines Hochplateau mit verstreut liegenden Bauernhöfen, einer dieser großen, in beherrschender Position stehenden Höfe ist der Haidner; er hat seinen Namen wohl von der nahen Tschötscher Heide übernommen.

Der Haidner ist ein typisches Beispiel eines Einhofes, wo – anders als bei einem Paarhof – Wohn- und Wirtschaftsgebäude unter einem Dach vereint sind. Der Bauernhof liegt wie ein kleines Königreich mitten in Obstwiesen und Weinbergen. Von den Tischen vor dem Haus, unter der Pergola und dem Fresko der „Maria-Hilf-Madonna",

ZU DEN FELSZEICHNUNGEN AUF DER TSCHÖTSCHER HEIDE

Ein Rundweg startet beim Haidner und führt zu geheimnisvollen Felszeichnungen, die vor Jahrtausenden in den glatten Fels geritzt wurden. Archäologen vermuten, dass diese Schalen, Muster und Symbole, darunter Quadrate wie bei einem Mühlespiel, aus vorchristlicher Zeit stammen; ihre Bedeutung konnte bisher nicht eindeutig geklärt werden. Weg Nr. 11 führt vom Haidner bergab in Richtung Brixen, quert in einer Kehre die Straße und verläuft bei der nächsten Wegteilung links zum Steig Nr. 20A und bergauf nach Pinzagen. Von dort wandern wir auf dem „Rundweg Pinzagen" zurück zum Haidner.

1h 10 min, 3,9 km, 130 Höhenmeter

geht der Blick über das Eisacktal und den Brixner Talkessel bis zur Plose auf der gegenüberliegenden Talseite. 2004 übernahm Franz Josef Obexer zusammen mit seiner Frau Ingrid den Hof, noch im selben Jahr wurde nach gründlichem Umbau der Buschenschank eröffnet. Später wurde zusätzlich eine Hofbrennerei eingerichtet, der ganze Stolz des Bauern! Hier werden 16 verschiedene Brände herstellt, die auf internationalen Vergleichsverkostungen prämiert wurden. Auf dem Mischhof werden zudem Kälber gehalten, auf 4 Hektar Kulturgrund wachsen Äpfel und Reben, aus deren Trauben die Weine gekeltert werden: die roten Portugieser und Zweigelt, die auf dem Hof ausgeschenkt werden, außerdem die weißen Kerner, Sylvaner, Müller-Thurgau und Veltliner.

Frau Ingrid ist für die Küche zuständig. Neben zünftigen Marenden sind die Erdäpfelblattln mit Kraut immer beliebter. Die Teigtaschen werden nicht nur mit Spinat, sondern auch mit Radicchio, Topfen, Kräutern oder Graukäse gefüllt. An Sonn- und Feiertagen sind Fleischgerichte im Angebot, im Herbst, zur Törggelezeit, werden die deftigen Schlachtplatten aufgetischt. Die Kastanien werden in einer elektrisch betriebenen Röst-Trommel gebraten! Herrlich schmecken die Kuchen und Torten, die Rouladen und Krapfen.

INFOS IN KÜRZE

Haidnerhof, Fam. Obexer, Pairdorf 84, Brixen
Tel. 0472 802303 und 347 8592708
www.buschenschank-haidnerhof.it

Innen 50, außen 30 Plätze

Geöffnet: März–Anfang Juni, Di.–Fr. ab 16 Uhr, Sa. und So. ab 12 Uhr, Mo. Ruhetag; Mitte Sept.–Mitte Dez., Di.–Fr. ab 17 Uhr, Sa. und So. ab 12 Uhr

In Brixen am Kreisverkehr in die Bahnhofstraße Richtung Feldthurns fahren, nach 2,8 km links abbiegen (Richtung Tschötsch) und gleich darauf nochmal links zum Haidnerhof. Bus 342 bzw. 344 fahren ab Brixen im Halbstundentakt bis zur eben erwähnten Abzweigung nach Tschötsch, Haltestelle „Abzweigung Pinzagen", von wo es 4 Minuten Fußweg bis zum Haidner sind.

48 Gummerer, Brixen/Pinzagen

Die Gegend im Südwesten Brixens trägt den seltsamen Namen Pfeffersberg; dort steht an einer Geländestufe der Gummererhof mit einem beneidenswerten Ausblick auf den Talkessel und das ehemalige Bischofsstädtchen Brixen mit seiner von den zahlreichen Kirchtürmen geprägten Silhouette.

Fast alle Bauernhöfe der Umgebung waren in irgendeiner Form der Brixner Geistlichkeit zinspflichtig, so entstand der Spruch: „Soweit man die Domglocke hört, ist der Bauer nichts wert." Der Gummererhof scheint in alten Dokumenten als Weingartner oder Krug-Gütl auf, vor über hundert Jahren kam er in den Besitz der Familie Gummerer und wechselte den Namen. Die Nachkommen bewohnen und bewirtschaften heute noch den Hof, 1985 wurde der Buschenschank eröffnet, der sich zu einem wichtigen Standbein des Bauernhofes entwickelte. Von der Milchwirtschaft wurde auf Mastviehhaltung umgestellt, in Stall und Feld stehen Rinder, Schweine, Esel und Hühner. Ein Gutteil des Fleischs wird auf dem Hof verarbeitet, dazu wurden eigene Verarbeitungs- und Kühlräume geschaffen. Der Speck ist, so wie Kaminwurzen, Hauswürste, Dauerwürste, selbst gemacht. Sohn Philipp ist auch für den Wein zuständig. Aus den knapp 2 Hektar Weingut hinter dem Haus kommen die Trauben für die charakteristischen weißen Eisacktaler Weine wie Sylvaner, Kerner und Müller-Thurgau. Als Roter wird ein Portugieser und ein Zweigelt gekeltert. Etwas Besonderes ist der hauseigene Sekt, der aus der Blatterle-Traube, einer alten historischen Lokalsorte, gewonnen wird.

Frau Christine sorgt für die bekannt guten Gerichte: die Schlutzer, die Speck-, Leber- und schwarzplentenen Knödel, Blattln mit Kraut, Schlachtplatten, Rippelen, Surfleisch, Ochsenfleischcarpaccio. Als Nachspeise werden die Krapfen mit Marmelade, Mohn oder Kastanienfülle, Apfelküchlein, Strudel oder wechselnde Torten und Kuchen gereicht. Als Durstlöscher gibt es Kirsch-, Apfel-, Himbeer- oder Rohnensaft, außerdem Holunder- oder Orangensirup.

WANDERUNG ZUM GUMMERER

Start ist in Brixen der große, nierenförmige Kreisverkehr in der Vittorio-Veneto-Straße, Ecke Bahnhofstraße. Dort folgen wir der Markierung 11 (zum Keschtnweg), unterqueren die Bahngeleise und wandern – teilweise leider auf der Straße – hinauf zum Gummerer (ca. 30 Minuten). Dann nochmal kurz zurück bis unmittelbar vor der Kehre 2 der Straße und links hinauf durch den Wald nach Pinzagen (Markierung 20). Dort fädeln wir in den Keschtnweg ein und wandern auf diesem nordwärts zum sehenswerten Kirchlein St. Cyrill (siehe S. 108). Anschließend steigen wir auf dem Cyrillusweg (Nr. 8) wieder nach Brixen ab.

2 h, 5,5 km, 300 Höhenmeter

INFOS IN KÜRZE

Gummererhof, Fam. Gummerer, Pinzagen 18, 39042 Brixen
Tel. 0472 835 553
www.gummererhof.it

Innen 75 Plätze
Geöffnet Mitte Sept.–Mitte Dez., Mi.–So. ab 15 Uhr; Jan.–Feb. Fr.–So.

2 Doppelzimmer, 1 Mehrbettzimmer
Reservierung empfehlenswert
In Brixen am Kreisverkehr in der Bahnhofstraße Richtung Feldthurns fahren, nach 1,6 km scharf rechts zum Gummererhof abbiegen (beschildert).

49 Villscheiderhof, Brixen

Im Westen Brixens liegt der Weiler Pfeffersberg, wo auf den Moränenhügeln noch Weinhöfe liegen, darunter der stattliche Villscheiderhof. Dort betreibt die Familie Hilpold einen Buschenschank. Der Hofname geht vermutlich auf einen Flurnamen zurück, der einen Ort bezeichnet, wo Farne wachsen, ein „filicetus", 1267 wird ein Hof Valsit erwähnt, der dem Brixner Domkapitel zinspflichtig ist, der Name ändert sich dann zu Villscheider.

Seit dem Jahr 1997 bewirtschaftet Bauer Florian Hilpold gemeinsam mit seiner Frau, den Eltern und den beiden Kindern den landwirtschaftlichen Betrieb auf 700 m Meereshöhe; von der Viehwirtschaft wurde auf Obst- und Weinbau umgestellt. Um den Hof breiten sich 9 Hektar Obstanlagen und an den Südhängen 2,5 Hektar Weinberge aus. Seit 2007 wird die Traubenernte in der Hofkellerei selbst gekeltert. Die Reben finden hier ideale Voraussetzungen, es werden die Sorten Sylvaner, Kerner und neuerdings auch Riesling angebaut und im Buschenschank, ab Hof und an die Gastronomie verkauft. Für den Ausschank gibt es Portugieser und Zweigelt. Soweit möglich, stammen viele Produkte für den Buschenschank aus dem hofeigenen Acker und Garten – oder von Bauern aus der Umgebung etwa das Lamm- und Rindfleisch, Kartoffeln, Kohl

ST.-CYRILL-KIRCHE

Etwas oberhalb vom Villscheider liegt auf einem Hügel (823 m) mit schönster Aussicht das Kirchlein St. Cyrill. Es stammt aus dem 17. Jh., reicht aber in die Romanik zurück. Besonders sehenswert sind die Holzdecke, das Kreuzgratgewölbe und die Innen- und Außenfresken.

(Kobis), Wurzelgemüse, Kohlrabi, Bohnen, Salate, Äpfel, Zwetschgen, Marillen, Johannisbeeren, Nüsse. Der Speck wird selbst geselcht, die Marmeladen, Säfte und teilweise das Sauerkraut und Brot sind selbst gemacht. In der Küche steht Bäuerin Erika, unterstützt von Schwiegermutter Burgi – ihre Kochkünste und Freundlichkeit ziehen viele, insbesondere einheimische Gäste an.

Beliebt sind die schwarzplentenen Knödel, die Jausenteller mit Kräutertopfen, Kren, Käse und Speck, auch der durchwachsene Bauchspeck, dazu passend die Pellkartoffeln, das Saure Rindfleisch, Graukäse, Gerstsuppe, Kürbissuppe und Knödelsuppe. Als Süßspeisen gibt es Krapfen und Eis. Im Herbst werden auf der Speisekarte verschiedene Suppen, Schlutzkrapfen, diverse Knödelvarianten, Schlachtplatte mit hausgemachten Würsten, Pökelfleisch, gebratene Schweinsrippen, Röstkartoffeln und Sauerkraut, natürlich gebratene Kastanien und gemischte Krapfen angeboten.

WANDERUNG ZUM VILLSCHEIDER

Dieser Rundweg startet am Bahnhof in Brixen: Wir gehen zunächst ein Stück entlang der Bahnhofstraße, dann links ab und auf Weg Nr. 20 bergauf nach Pinzagen, dann rechts ab zum sehenswerten Kirchlein St. Cyrill und hinunter zum Villscheider. Schließlich über den Cyrillusweg (Nr. 8) nach Brixen und über die Carduccistraße und die Bahnhofstraße zurück zum Ausgangspunkt.

2 h, 6,1 km, 265 Höhenmeter

INFOS IN KÜRZE

Villscheiderhof, Fam. Hilpold, Untereben 13, Brixen
Tel. 0472 832037 und 347 3415724
www.villscheider.info

Innen 60, außen 30 Plätze
Geöffnet Mitte März–Anfang Juni, Anfang Sept.–Anfang Dez., im Frühjahr Fr. ab 17 Uhr, Sa. und So. ab 12 Uhr, Mo.–Do. auf Vorbestellung, im Herbst Di.–Fr. ab 17 Uhr, Sa., So. ab 12 Uhr, Mo. Ruhetag
Ferienwohnung für bis zu 9 Personen

Ab-Hof-Verkauf (Weine)
In Brixen, am großen, nierenförmigen Kreisverkehr in der Vittorio-Veneto-Straße, Ecke Bahnhofstraße, Richtung „St. Cyrill" bzw. „Südtiroler Kinderdorf" abbiegen, an diesem vorbei auf der Straße ca. 1,5 km bergauf fahren (beschildert).

50 Guggerhof, Brixen/Kranebitt

Die Süd- und Westhänge des Höhenzuges nördlich von Brixen sind bestes Weinbaugebiet, während das Hochplateau mit den Dörfern Elvas, Raas und Natz-Schabs teils bewaldet, teils von Apfelanlagen überzogen ist. Ein Netz von schönen und leichten Wanderwegen überzieht die Hochfläche. Zur Törggelezeit im Herbst ist hier Hochsaison, aber auch der Frühsommer ist eine gute Zeit für einen Ausflug in dieses Gebiet.

Unser Ziel ist der Buschenschank Guggerhof oberhalb von Kranebitt, mit prächtigster Aussicht auf den Brixner Talkessel und das Eisacktal; er wird in der vierten Generation von der Familie Nussbaumer

WANDERUNG ZUM GUGGER UND NACH ELVAS

Wir starten im Brixen-Kranebitt in der Elvaser Straße (Ecke Ortnerweg), öffentliche Parkplätze vor der Pension Kranebitt. Nun geht es – den Wegweisern „Pinazweg" und Markierung Nr. 10 folgend – bergan auf der Elvaser Straße, der Weg ist auch als „Archeoweg" ausgeschildert. Nach kurzem Aufstieg (15 Minuten) erreichen wir den Buschenschank Guggerhof. Weg Nr. 1 führt von dort zwischen Trockenmauern bergauf nach Elvas. An der Kirche vorbei geht es nun bergab (Nr. 2) und über den Kranebitter Rundweg (später Nr. 15) durch Wiesen und Weinberge zum Ausgangspunkt zurück.

1½ h, 4,3 km, 210 Höhenmeter

geführt. Begonnen hat alles in den 1930er-Jahren mit dem Bau des nahen E-Werkes. Damals wurde für die Bauarbeiter ein Mittagstisch zubereitet. Daraus hat sich ein Buschenschank entwickelt, eine absolute Vorzeigeadresse, wo es nicht nur ausgezeichnete Weine, sondern auch feine, überaus schmackhafte Tiroler Kost gibt.

Im Frühjahr gibt es Spargel- oder Brokkolitaschen, Lauch-Topfen-Schlutzer und allerlei Knödel, auch Blut- und Leberwurst. Eine Delikatesse sind die zarten, saftigen geschmorten Rippchen vom Rohr. Im Herbst gesellen sich Schlachtplatten mit Selchkarree und Hauswürsten dazu. Alles begleitet von feinen Weinen: Sylvaner, Müller-Thurgau, Kerner oder den Roten wie Zweigelt oder Portugieser. Herrlich die Nachspeisen, die jeder Konditorei zur Ehre gereichen würden.

INTERESSANTES AM WEG

Archäologen haben im Brixner Stadtteil Stufels bedeutende Siedlungen gefunden, auch auf den Hängen oberhalb lebten schon vor Jahrtausenden sesshafte Bauern, dort befanden sich deren Äcker und Weiden, wie Info-Tafeln am Weg erläutern. Zu sehen sind auch Gletscherschliffe mit eingravierten Grübchen und Mustern, in Elvas wird an Ausgrabungen gearbeitet, eine hölzerne Aussichtsplattform bietet tolle Ausblicke über das Tal.

INFOS IN KÜRZE

Buschenschank Guggerhof,
Fam. Nussbaumer,
Kranebitt 15, Brixen
Tel. 0472 835319

Innen 50 Plätze in zwei getäfelten Stuben, außen auf der Panoramaterrasse und unter der großen Pergola 80

Geöffnet Mitte März–Mitte Mai und Mitte Sept.–Ende Nov., Mo. und Di. Ruhetag

In Brixen den Schildern Elvas folgen; ab der Eisackbrücke sind ca. 3 km bis zu einer markanten Linkskehre, dort zweigt rechts die beschilderte, etwa 400 m lange Zufahrt zum Gugger ab.

51 Hubenbauer, Vahrn

Vor 150 Jahren, mit dem Bau der Brennereisenbahn, erhielt Vahrn einen Bahnhof und entwickelte sich zu einem bekannten Tourismusort, in dem betuchte Gäste aus Wien und München ihren Sommerurlaub verbrachten. Mittlerweile beeinträchtigt der Verkehr auf der Bahnstrecke, der Autobahn und der Staatsstraße nicht unerheblich die einstige Idylle. Aber es gibt sie noch, die authentischen Plätze – einer davon ist der Hubenbauer, am Rand von Wald, Wiesen und Feldern im Süden des stattlichen Dorfes gelegen.

Der denkmalgeschützte Hof hat eine fast tausendjährige Geschichte, seit über 150 Jahren ist er im Besitz der Familie Stolz, die ihn 2002 schonend, mit Rücksicht auf die historische Substanz, renoviert hat. Zum Bauernhof gehören 3,5 Hektar Obstanlagen und ein kleines Weingut, das die Trauben für den weißen Kerner und die roten Portugieser und Zweigelt liefert. Aus der Hofbrauerei kommen pro Jahr 35.000 l Bier, das hauptsächlich im Buschenschank angeboten wird, ein Teil wird auch in Flaschen abgefüllt, verkauft. Überhaupt hat sich das Bier zu einem Renner entwickelt, es werden sieben verschiedene Sorten gebraut und abgefüllt, die auf der Speisekarte mit den dazu passenden Gerichten angeboten werden. Auch der Hopfen stammt aus eigenem Anbau, selbstbewusst erklärt Alex Stolz, dass er das einzige Bier braut, das das Südtirol-Qualitätszeichen trägt.

Die Speisekarte kann sich sehen lassen! Man merkt, dass Alex gelernter Koch ist und sein Handwerk in den besten Häusern, darunter im Elephant in Brixen, gelernt hat. Natürlich sind die Speisen der Jahreszeit angepasst, es geht vom Spargel im Frühjahr bis zu den deftigen Törggeleplatten im Herbst. Ein Teil des Fleisches stammt von den Tieren des eigenen Hofs, vom Hof des Bru-

ders sowie vom Hof von Chefin Biggi: Rind- und Kalbfleisch, Schaf-, Fohlen-, Truthahn- und Schweinefleisch. Schwester Elisabeth sorgt für das herrliche Eis, schließlich ist sie Italienmeisterin im Eismachen! Himbeeren, Minze, aber auch Bier und Tomaten vom Hof werden zu Eis verarbeitet.

DER GALLHOF IN VAHRN

Bei einem zu empfehlenden Dorfspaziergang kommen Sie möglicherweise in Vahrn Oberdorf am Gallhof vorbei. Das ansehnliche, schlossartige Anwesen mit Viereckturm und zweigeschossigen polygonalen Erkern stammt in seinen Ursprüngen aus dem 13. Jh. Im 16. Jh. gelangte es in den Besitz der später in den Adelsstand erhobenen Familie von Gall, nach der es benannt ist. Im Kriegsjahr 1809 wurden die Besitzer von den Franzosen im Zuge einer Repressalie erschossen. Ein „Marterle" an der Hauswand erinnert daran.

INFOS IN KÜRZE

Buschenschank Hubenbauer, Fam. Stolz, Schattengasse 12, Vahrn
Tel. 0472 830051
www.hubenbauer.com

100 Plätze in mehrere Stuben und alten Kellerräumen, 80 im Garten unter schattigen Nussbäumen

Geöffnet Anfang Mai–Ende Aug., Fr. ab 16 Uhr, Sa. und So. ab 12 Uhr; Mitte Sept.–Anfang Dez. Mo.–Fr. ab 18 Uhr, mittags Vorbestellung erforderlich, am Wochenende bereits ab 12 Uhr, Mi. Ruhetag

Ab-Hof-Verkauf

Auf der Brennerstaatsstraße nach Vahrn, der Hubenbauer befindet sich neben der Kirche.

52 Gschlösslerhof, Vahrn

Im Nordwesten Brixens schmiegt sich das Dorf Vahrn an den Berghang. Weinreben und mächtige Kastanienbäume verleihen der Landschaft einen südlichen Hauch, ein guter Platz zum Wandern und Einkehren.

Der Ort hat eine lange Vergangenheit, liegt er doch an der alten Brennerstraße mit ihrem regen Durchzugsverkehr. Fuhrleute, Rompilger, Soldaten und Kaufleute zogen hier vorbei, Gastwirte und Handwerker lebten gut an dieser wichtigen Nord-Süd-Verbindung, Vahrn entwickelte sich zu einem stattlichen Dorf mit ansehnlichen Bürgerhäusern und einigen Ansitzen Adeliger. Auf einer bewaldeten Kuppe steht die Burgruine Salern. Im Gschlössler, dem ehemaligen Versorgungshof der Burg, ist ein zünftiger Buschenschank untergebracht, er ist unser Ziel. Auf dem Bauernhof mit Tierhaltung und

INFOS IN KÜRZE

Buschenschank Gschlössler, Fam. Stolz, Schalderer Str. 8, Vahrn
Tel. 0472 670096
www.gschloessler.com

Bis zu 80 Plätze in 4 Stuben, 50 im Gastgarten

Geöffnet Jan.–Sept. Fr. ab 18 Uhr, Sa. und So. 12 Uhr; Okt.–Nov., Di.–Fr. ab 18 Uhr, Sa. und So. ab 12 Uhr, Mo. Ruhetag

In Vahrn der Beschilderung „Schalders" einen knappen Kilometer folgen, 200 m nach der Burgruine Salern liegt am rechten Straßenrand in einer Wiese der Gschlössler.

großem Garten ist viel hausgemacht. In der Küche hat Mutter „Kuni" (Kunigunde) das Regiment, unterstützt wird sie von Melanie, während Sohn Thomas, der Jungbauer, im Service aushilft, wenn er nicht in der Landwirtschaft anpacken muss.

Bekannt ist die typische Hausmannskost mit unterschiedlichen Knödeln – mit Speck, Leber oder Käse, weiter Pressknödel, Plentene Knödel (aus Buchweizenmehl) mit Graukäse oder Speck –, dann Roggenteigtaschen mit verschiedenen Füllungen, Saure Suppe, Fleischgerichte wie Braten, Würste, Gulasch mit dem Fleisch der eigenen Rinder. Am Freitag kommen die Gäste eigens wegen der verschiedenen Tirtlen. Eine Besonderheit zum Nachtisch ist der Schwarzplentene Ribel aus Buchweizenmehl, mit Eiern und Birnenstückchen. Der Eigenbauwein kommt von einem Pachtweingut. Im Herbst gibt es die üblichen Törggelegerichte.

WANDERUNG ZUM GSCHLÖSSLER

Startpunkt ist der Parkplatz südlich vom Vahrner See, nahe der Autobahneinfahrt Brixen-Pustertal. Bevor wir den Keschtnweg (Nr. 1) einschlagen, der hier beginnt, umrunden wir gegen den Uhrzeigersinn den Vahrner See, ein überaus lohnender Abstecher von einer halben Stunde. Es geht dabei durch Föhren- und Laubwald, dann am Gasthaus Zum Vahrner See vorbei und ab dem Parkplatz weiter nach Vahrn; Infotafeln erläutern unterwegs Wissenswertes. In Vahrn folgen wir gleich am Dorfeingang der Markierung Nr. 2 auf einem Waldsteig („Carl-Toldt-Weg") dem Spilucker Bach bergauf und vorbei an der Ruine Salern bis zur Querung der Schalderer Straße, von dort sind es ca. 300 m auf der Straße zum Gschlössler. Der Rückweg erfolgt kurz über die Fortsetzung des Carl-Toldt-Wegs bis zum Keschtnweg (Nr. 1) und auf diesem zum Vahrner See.

2½ Stunden, 8,1 km, 170 Höhenmeter (inkl. Seeumrundung)

BURGRUINE SALERN

Von der ehemals wehrhaften Anlage, die auf einem Hügel Vahrn überblickt, sind nur noch Mauerreste des Bergfrieds erhalten. Der Fürstbischof von Brixen, Bruno von Kirchberg (er gründete auch Bruneck), ließ sie 1280 als Sommersitz erbauen.

53 Griesserhof, Vahrn

In Vahrn und im nahen Neustift liegen die nördlichsten zusammenhängenden Weinberge Italiens. Zwischen Eisack und Vahrn erstreckt sich ein breiter, dicht mit Reben bepflanzter Moränenrücken, der Golserbühel. An seinen Südhang schmiegt sich der Griesser.

Der Griesser ist wohl einer der ältesten Höfe von Vahrn, er wird bereits 1194 urkundlich erwähnt. Damals gehörte er zum Kloster Neustift und wurde von „Bauleuten" bewirtschaftet. Seit 1934 lebt die Familie Huber auf dem Hof, der mittlerweile in ihren Besitz übergegangen ist. Die Viehwirtschaft wurde zugunsten des Weinbaus aufgegeben. In den Weingütern werden vorwiegend Reben für Weißweinsorten wie Kerner, Sylvaner, Veltliner und Sauvignon angebaut, die eine ausgezeichnete Qualität haben. Bei den Roten ist Blauburgunder die Hauptsorte. Die Weine werden in 7/10-Fla-

WANDERUNG ZUM GRIESSERHOF

Ausgangspunkt ist der Parkplatz von Kloster Neustift. Der Weg 1 (Vahrner See) führt in nördlicher Richtung am Kloster vorbei ins Riggertal. Bei einer Brücke wechseln wir die Talseite, nun geht es kurz bergauf. Vor dem Vorderrigger gehen wir auf dem Hartmannsteig über die Anhöhe beim Punterhof und rechts hinauf zum Griesser. Den Ausgangspunkt erreichen wir wieder in wenigen Minuten über Weg Nr. 9.

1 h, 3,7 km, 90 Höhenmeter

schen abgefüllt und zum größten Teil in der Wirtschaft ausgeschenkt oder ab Hof verkauft. Bauer Paul ist auf dem vorbildlich aus- und umgebauten Griesserhof für den Wein zuständig, im Service, bei der Organisation und Gästebetreuung steht ihm seine Frau Evi zur Seite. In der Küche hat Seniorchefin Paula das Sagen, die mit Leib und Seele Köchin ist.

Auf Paulas Konto geht die weitum bekannte, typische einheimische Kost wie die guten Schlutzer, die Gerstsuppe, die Erdäpfelblattln mit Kraut, Rohnen- und Krautsalat. Die Schlachtplatte zur Törggelezeit mit Surfleisch, Hauswurst, gebratenen Rippchen, Kraut und Röstkartoffeln ist besonders liebevoll zubereitet. Süßes gibt es als Omeletten, Schmarrn und Krapfen. Alles wird stets frisch zubereitet. Kartoffeln und Kohl kommen vom eigenen Feld, das Sauerkraut wird selbst gemacht, ebenso der Speck und die vielen Säfte. Als offene Weine werden ein weißer Müller-Thurgau und ein roter Verschnitt aus Portugieser und Zweigelt angeboten, ideale trinkige Weine.

NEUSTIFT

Das Augustiner Chorherrenstift Neustift ist die größte Klosteranlage Südtirols. Die angeschlossene Stiftskellerei ist für ihren Eisacktaler Weißwein berühmt. Infos zu Führungen und Besichtigungen: www.kloster-neustift.it

INFOS IN KÜRZE

Griesserhof,
Fam. Huber,
Grießweg 5, Vahrn
Tel. 0472 834805
und 339 6691485
www.griesserhof.it

70 Plätze in zwei Stuben, im Freien 50
Geöffnet Mitte Sept.–7. Jan, Di. Ruhetag; 7. Jan.–Ende Feb. Fr.–So. geöffnet (immer ab 12 Uhr). Vorbestellung empfehlenswert
Eine Ferienwohnung (2–4 Pers.)
Ab-Hof-Verkauf

Von der Brennerstaatsstraße am nördlichen Dorfende von Vahrn Richtung Osten zum etwa 100 m entfernten Griesser abbiegen (beschildert).

54 Strasserhof, Vahrn/Neustift

Nördlich von Brixen, westlich des Klosters Neustift schmiegt sich der Strasserhof an den sonnigen Hang, zweimal ist der Bauernhof abgebrannt, zuletzt vor über 200 Jahren. Das historische, vorbildlich renovierte Haus mit Freitreppe, Gewölben, Bögen und der alten getäfelten Stube bildet mit den Wirtschaftsgebäuden und der freistehenden Hauskapelle zur hl. Anna ein einmaliges Ensemble und ist eine der herausragenden Wein- und Törggeleadressen des Landes.

Der Strasser wird bereits 1050 urkundlich erwähnt, er ist somit um einiges älter als Kloster Neustift. Nachdem sie viele Jahre ihre Trauben in der Stiftskellerei abgeliefert hatten, wagten die Baumgartners vor etwa einem Jahrzehnt den Sprung in die Selbstvermarktung. Von den rund 50.000 abgefüllten Flaschen mit den weißen Sorten Müller-Thurgau, Sylvaner, Grüner Veltliner, Kerner, Riesling und Gewürztraminer wird ein Drittel ab Hof verkauft, der Rest kommt in den Handel. Für den offenen Ausschank in der Wirtschaft wird zusätzlich der rote Zweigelt gekeltert. Ein eigener, modern gestalteter Raum dient als Verkaufslokal und für Verkostungen. Der Strasser ist Mitglied der Vereinigung der freien Weinbauern Südtirols und bietet Seminare und Veranstaltungen rund um den Wein an. Der Hof ist ein richtiges Familienunternehmen: Senior Johann und Jungbauer Hannes sind die Weinbauern, Mutter Anna und Schwester Maria sind für Küche und Gästewohl zuständig.

Die Speisekarte weist rigoros traditionelle Törggelegerichte auf: Knödel und Nocken, Schlutzer, Gerstsuppe, die saftige Schlachtplatte mit Surfleisch, Haus-, Blut- und Leberwürsten, Rippelen, Röstkartoffeln und Sauerkraut. Danach süße Krapfen und Kastanien. Fleisch kommt vom Metzger des Vertrauens, der Käse aus dem Ahrntal, Speck und Kraut sind so wie der Apfelsaft hausgemacht.

WANDERUNG ZUM STRASSERHOF

Von den vielen Wanderwegen, welche die Sonnenhänge von Elvas und Raas durchziehen, wählen wir einen kurzen Spazierweg, der in einer halben Stunde bei leichter Steigung zum Strasser führt: Wir starten am Parkplatz beim Kloster Neustift und nehmen den Wanderweg Nr. 4 bergauf kurz auf der Autostraße, queren die Landstraße und wandern nun zwischen Reben zum Strasser. Auf dem Rückweg gehen wir kurz zurück und dann über den Törggelesteig zum Alten Pacher (sehr gute Einkehrmöglichkeit) und auf Weg Nr. 3 wieder zurück zum Parkplatz.
In Neustift lohnt auf alle Fälle der Besuch der wunderbaren Klosteranlage, des Stiftskellers (Einkehrmöglichkeit) und des Klosterladens.

1 h, 2,6 km, 125 Höhenmeter

INFOS IN KÜRZE

Strasserhof,
Fam. Baumgartner,
Unterrain 8,
Vahrn/Neustift
Tel. 0472 830804
www.strasserhof.info

Innen 50 Plätze, auf der Sonnenterrasse 40
Geöffnet Mitte Sept.–Ende Nov. ab 15 Uhr, Sa. und So. ab Mittag, Mo. Ruhetag
Zimmer (Feb.–Dez.), Ferienwohnung
Tischreservierung erwünscht, Ab-Hof-Verkauf der Weine

Vom großen Kreisverkehr im Norden von Brixen zweigen wir Richtung Pustertal ab, nach 2,3 km rechts in die Unterrainer Straße einbiegen und der Beschilderung 800 m bis zum Strasser folgen.